RAPHAEL'S ASTRONOMICAL
Ephemeris of the Planet's Places
for 2018

A Complete Aspectarian
Mean Obliquity of the Ecliptic, 2015, 23 ° 26′ 13″

INTRODUCTION

Greenwich Mean Time (GMT) has been used as the basis for all tabulations and times. The tabular data are for 12h GMT except for the additional Moon tabulations (headed 24h). All phenomena and aspect times are now in GMT (to obtain Local Mean Time of aspect, add / subtract the time equivalent of the longitude E / W respectively). The zodiacal sign ingresses are integrated with the Aspectarian as well as in a separate table (inside back cover). Additionally, the 10-daily positions for **Chiron**, *the four of the larger asteroids (***Ceres**, **Pallas**, **Juno** *and* **Vesta***) and the* **Black Moon Lilith** *have been drawn from Raphael's definitive 151-year Ephemeris (page 37).*

BRITISH SUMMER TIME

British Summer Time begins on March 25 and ends on October 28. When *British Summer Time* (one hour in advance of G.M.T.) is used, subtract one hour from B.S.T. before entering this Ephemeris. These dates are believed to be correct at the time of printing.

ISBN: 978 0 572 04678 1

© Strathearn Publishing Ltd, 2017

A CIP record for this book is available from the British Library

Printed in Great Britain by Martins the Printers

W. Foulsham & Co. Ltd. Lor
The Old Barrel Store, Drayman
Marlow, Bucks, SL7 2FF, En;

T0386753

2						JANUARY		2018					[RAPHAEL'S
D	D	Sidereal	⊙	⊙	𝄞	☽	☽	☽	☽			24h.	
M	W	Time	Long.	Dec.	Long.		Lat.	Dec.	Node		☽ Long.		☽ Dec.	

D M	D W	h m s	° ′ ″	° ′	° ′ ″	° ′	° ′	° ′	° ′	° ′	° ′
1	M	18 44 22	11♑01 03	22 S 59	2♋26 35	3 S 33	19 N52	16 ♌ 52	10 ♋ 05 52	20 N03
2	T	18 48 19	12 02 11	22 53	17 44 27	2 25	19 52	16 49	25 21 00	19 19
3	W	18 52 15	13 03 18	22 48	2♌54 18	1 S 07	18 25	16 46	10 ♌ 23 15	17 13
4	Th	18 56 12	14 04 26	22 41	17 46 56	0 N14	15 43	16 43	25 04 37	14 00
5	F	19 00 08	15 05 34	22 35	2♍15 49	1 32	12 06	16 40	9 ♍ 20 13	10 03
6	S	19 04 05	16 06 43	22 28	16 17 39	2 42	7 54	16 37	23 08 11	5 41
7	Su	19 08 01	17 07 51	22 20	29 51 57	3 41	3 N26	16 33	6 ♎ 29 15	1 N11
8	M	19 11 58	18 08 59	22 12	13♎00 27	4 26	1 S 03	16 30	19 25 58	3 S 14
9	T	19 15 55	19 10 08	22 04	25 46 18	4 56	5 21	16 27	2 ♏ 01 57	7 23
10	W	19 19 51	20 11 17	21 55	8♏13 25	5 12	9 19	16 24	14 21 12	11 08
11	Th	19 23 48	21 12 25	21 46	20 25 51	5 13	12 49	16 21	26 27 48	14 21
12	F	19 27 44	22 13 34	21 36	2♐27 32	5 00	15 44	16 17	8 ♐ 25 29	16 57
13	S	19 31 41	23 14 42	21 26	14 22 02	4 35	17 58	16 14	20 17 33	18 48
14	Su	19 35 37	24 15 51	21 15	26 12 24	3 57	19 26	16 11	2 ♑ 06 53	19 50
15	M	19 39 34	25 16 59	21 05	8♑01 17	3 10	20 02	16 08	13 55 52	20 00
16	T	19 43 30	26 18 06	20 53	19 50 54	2 14	19 45	16 05	25 46 36	19 17
17	W	19 47 27	27 19 14	20 42	1≈43 13	1 12	18 36	16 02	7 ≈ 40 59	17 42
18	Th	19 51 24	28 20 20	20 29	13 40 09	0 N07	16 37	15 58	19 40 56	15 20
19	F	19 55 20	29♑21 26	20 17	25 43 37	1 S 00	13 55	15 55	1 ♓ 48 29	12 16
20	S	19 59 17	0≈22 31	20 04	7♓55 49	2 04	10 31	15 52	14 05 57	8 38
21	Su	20 03 13	1 23 36	19 51	20 19 12	3 04	6 39	15 49	26 35 56	4 35
22	M	20 07 10	2 24 39	19 37	2♈56 30	3 56	2 S 27	15 46	9 ♈ 21 17	0 S 15
23	T	20 11 06	3 25 42	19 23	15 50 38	4 38	1 N58	15 43	22 24 54	4 N11
24	W	20 15 03	4 26 43	19 09	29 04 24	5 05	6 23	15 39	5 ♉ 49 24	8 32
25	Th	20 18 59	5 27 44	18 54	12♉40 05	5 17	10 36	15 36	19 36 34	12 33
26	F	20 22 56	6 28 43	18 39	26 38 51	5 11	14 21	15 33	3 ♊ 46 50	15 59
27	S	20 26 53	7 29 42	18 24	11♊00 14	4 45	17 23	15 30	18 18 39	18 31
28	Su	20 30 49	8 30 39	18 08	25 41 30	4 01	19 21	15 27	3 ♋ 08 04	19 52
29	M	20 34 46	9 31 35	17 52	10♋37 30	2 59	20 02	15 23	18 08 47	19 50
30	T	20 38 42	10 32 30	17 36	25 40 52	1 45	19 17	15 20	3 ♌ 12 39	18 23
31	W	20 42 39	11≈33 24	17 S 19	10♌42 59	0 S 23	17 N10	15 ♌ 17	18 ♌ 10 46	15 N40

D	Mercury		Venus		Mars		Jupiter	
M	Lat.	Dec.	Lat.	Dec.	Lat.	Dec.	Lat.	Dec.

	° ′	° ′	° ′	° ′	° ′	° ′	° ′	° ′
1	1 N56	21 S 00	0 S 29	23 S 36	0 N 54	15 S 19	1 N 03	15 S 54
3	1 39	21 27 / 21 S 14	0 34	23 29 / 23 S 33	0 53	15 42 / 15 S 31	1 03	16 00
5	1 21	21 53 / 21 40	0 38	23 19 / 23 24	0 52	16 04 / 15 53	1 03	16 05
7	1 04	22 17 / 22 05	0 42	23 06 / 23 13	0 51	16 26 / 16 15	1 04	16 10
9	0 46	22 39 / 22 28	0 47	22 50 / 22 58	0 50	16 47 / 16 36	1 04	16 15
						/ 16 57		
11	0 29	22 57 / 22 48	0 50	22 31 / 22 20	0 50	17 08 / 17 18	1 04	16 20
13	0 N13	23 11 / 23 04	0 54	22 09 / 21 57	0 49	17 28 / 17 38	1 04	16 25
15	0 S 03	23 21 / 23 17	0 58	21 45 / 21 32	0 48	17 48 / 17 57	1 05	16 29
17	0 18	23 27 / 23 25	1 01	21 18 / 21 04	0 47	18 07 / 18 17	1 05	16 34
19	0 33	23 28 / 23 27	1 05	20 49 / 20 33	0 46	18 26 / 18 35	1 05	16 38
21	0 46	23 25 / 23 21	1 08	20 17 / 20 00	0 45	18 44 / 18 53	1 05	16 42
23	0 59	23 16 / 23 10	1 11	19 42 / 19 24	0 44	19 02 / 19 11	1 06	16 45
25	1 11	23 02 / 22 53	1 13	19 06 / 18 47	0 43	19 19 / 19 28	1 06	16 49
27	1 22	22 43 / 22 32	1 16	18 27 / 18 07	0 41	19 36 / 19 44	1 06	16 53
29	1 32	22 19 / 22 S 04	1 18	17 46 / 17 S 25	0 40	19 52 / 20 S 00	1 06	16 56
31	1 S 41	21 S 49	1 S 20	17 S 03	0 N 39	20 S 08	1 N 07	16 S 59

FULL MOON–Jan. 2,02h.24m. (11°♋38′) & Jan.31,13h.27m. (11°♌37′)

D M	☿ Long.	♀ Long.	♂ Long.	♃ Long.	♄ Long.	♅ Long.	♆ Long.	♇ Long.
	° ′	° ′	° ′	° ′	° ′	° ′	° ′	° ′
1	18♐26	9♑09	14♏29	17♏01	1♑27	24♈34	11♓55	18♑48
2	19 27	10 25	15 06	17 11	1 34	24R 34	11 56	18 50
3	20 32	11 40	15 44	17 21	1 41	24D 34	11 58	18 52
4	21 38	12 56	16 21	17 31	1 48	24 34	11 59	18 54
5	22 48	14 11	16 58	17 41	1 55	24 34	12 00	18 56
6	23 59	15 27	17 36	17 50	2 02	24 35	12 02	18 58
7	25 13	16 42	18 13	18 00	2 09	24 35	12 03	19 00
8	26 28	17 58	18 50	18 09	2 16	24 35	12 05	19 02
9	27 45	19 13	19 28	18 19	2 23	24 35	12 06	19 04
10	29♐03	20 29	20 05	18 28	2 29	24 36	12 08	19 06
11	0♑23	21 44	20 42	18 37	2 36	24 36	12 09	19 08
12	1 44	23 00	21 19	18 46	2 43	24 37	12 11	19 10
13	3 06	24 15	21 57	18 55	2 50	24 37	12 13	19 12
14	4 28	25 30	22 34	19 03	2 57	24 38	12 14	19 14
15	5 52	26 46	23 11	19 12	3 04	24 39	12 16	19 16
16	7 17	28 01	23 48	19 20	3 10	24 39	12 18	19 18
17	8 43	29♑17	24 25	19 29	3 17	24 40	12 19	19 20
18	10 09	0♒32	25 03	19 37	3 24	24 41	12 21	19 22
19	11 36	1 48	25 40	19 45	3 30	24 42	12 23	19 24
20	13 04	3 03	26 17	19 53	3 37	24 43	12 25	19 26
21	14 32	4 19	26 54	20 01	3 43	24 43	12 27	19 29
22	16 01	5 34	27 31	20 09	3 50	24 44	12 28	19 31
23	17 31	6 49	28 08	20 16	3 56	24 46	12 30	19 33
24	19 02	8 05	28 45	20 24	4 03	24 47	12 32	19 35
25	20 33	9 20	29 22	20 31	4 09	24 48	12 34	19 36
26	22 05	10 36	29♏59	20 38	4 16	24 49	12 36	19 38
27	23 37	11 51	0♐35	20 45	4 22	24 50	12 38	19 40
28	25 10	13 06	1 12	20 52	4 28	24 52	12 40	19 42
29	26 44	14 22	1 49	20 59	4 35	24 53	12 42	19 44
30	28 18	15 37	2 26	21 05	4 41	24 54	12 44	19 46
31	29♑53	16♒52	3♐03	21♏12	4♑47	24♈56	12♓46	19♑48

Lunar Aspects

D	☉	☿	♀	♂	♃	♄	♅	♆	♇
1			☍	⚼	⚼	☍			
2	☍			△	△		□	△	☍
3		⚼						⚼	
4		△		□	□	⚼	△		
5	⚼		⚼			△			⚼
6	△		△	⚹	⚹		⚼	☍	△
7		□		∠	∠	□			
8	□		□	⚺	⚺				□
9		⚹					☍	⚼	
10						⚹		△	
11	⚹	∠	⚹	☌	☌	∠			⚹
12	∠	⚺				⚺			∠
13			∠		⚺		⚼	□	⚺
14	⚺		⚺	⚺			△		
15		☌		∠	∠	☌		⚹	
16				⚹	⚹		□		☌
17	☌		☌			⚺		∠	
18		⚺				∠		⚺	⚺
19	⚺	∠		□	□		⚹		
20		⚹	⚺			⚹	∠	☌	∠
21	∠		∠		△		⚺		⚹
22	⚹		⚹	△	⚼	□			
23		□		⚼				⚺	□
24	□					△	☌	∠	
25			□			⚼		⚹	
26		△		☍	☍		⚺		△
27	△	⚼	△				∠	□	⚼
28	⚼		⚼				⚹		
29				⚼	⚼	☍		△	
30		☍		△	△		□	⚼	☍
31	☍		☍						

D M	Saturn Lat.	Saturn Dec.	Uranus Lat.	Uranus Dec.	Neptune Lat.	Neptune Dec.	Pluto Lat.	Pluto Dec.
	° ′	° ′	° ′	° ′	° ′	° ′	° ′	° ′
1	0N54	22S32	0S34	8N59	0S55	7S56	0N27	21S40
3	0 54	22 32	0 34	8 59	0 55	7 55	0 27	21 40
5	0 54	22 32	0 34	9 00	0 55	7 54	0 27	21 39
7	0 53	22 32	0 34	9 00	0 55	7 53	0 27	21 39
9	0 53	22 31	0 34	9 00	0 55	7 52	0 26	21 39
11	0 53	22 31	0 34	9 00	0 55	7 50	0 26	21 38
13	0 53	22 31	0 34	9 01	0 55	7 49	0 26	21 38
15	0 53	22 31	0 34	9 01	0 55	7 48	0 26	21 37
17	0 53	22 31	0 34	9 02	0 54	7 47	0 26	21 37
19	0 53	22 30	0 34	9 03	0 54	7 45	0 25	21 37
21	0 53	22 30	0 33	9 03	0 54	7 44	0 25	21 36
23	0 53	22 30	0 33	9 04	0 54	7 42	0 25	21 36
25	0 53	22 29	0 33	9 05	0 54	7 41	0 25	21 36
27	0 53	22 29	0 33	9 06	0 54	7 39	0 25	21 35
29	0 53	22 29	0 33	9 07	0 54	7 38	0 25	21 35
31	0N53	22S28	0S33	9N08	0S54	7S36	0N24	21S34

Mutual Aspects

1 ☿⚺♇.
2 ☉⚹♆. ♅Stat.
3 ♀⚹♆. 4 ☿∥♇.
5 ☿⊥♂. ♂∠♄. ☉∥♄. ♂∥♃.
6 ☿⊥♃. ☿△♅.
7 ♂☌♃. ☉∥☿.
8 ☉⚹♃. ♀⚹♃. ♂⚹♇. ☿∥♄.
9 ☉☌♀. ☉☌♇. ♀⚹♂. ♀☌♇.
10 ☉⚹♂. ☿∥♀.
11 ☿Q♆. ♀∥♄.
12 ☉∥♇.
13 ☿☌♄. ♀□♅.
14 ☉□♅. ☿∠♃.
15 ♀∠♆.
16 ♃⚹♇. ♀∥♇.
17 ☉∠♆. ♂∇♅.
18 ☿∠♂. 19 ♀Q♃.
20 ☿⚹♆. ♀⚺♄.
22 ☉Q♃.
23 ♀⊥♆. ♂⊥♄.
24 ☉⚺♄. ☿☌♇. ☉∥♂.
25 ☿⚹♃. ♀∥♂.
26 ☉⊥♆. ♀⊥♄.
27 ♂±♅.
28 ☿□♅. ♀Q♂. ♀Q♅. ♀⚺♆. ☉∥♀.
☿∥♄.
30 ☉⊥♄. ☿∠♆.
31 ♀∥♃.

LAST QUARTER–Jan. 8,22h.25m. (18°♎36′)

4					FEBRUARY		2018			[RAPHAEL'S		

D	D	Sidereal	☉	☉	☽	☽	☽	☽	24h.	
M	W	Time	Long.	Dec.	Long.	Lat.	Dec.	Node	☽ Long.	☽ Dec

		h m s	° ′ ″	° ′	° ′ ″	° ′	° ′	° ′	° ′ ″	° ′
1	Th	20 46 35	12≈34 17	17 S 02	25 ♋ 35 01	0 N59	13 N55	15 ♌ 14	2 ♍ 54 47	11 N58
2	F	20 50 32	13 35 08	16 45	10♍09 20	2 16	9 51	15 11	17 18 03	7 38
3	S	20 54 28	14 35 59	16 27	24 20 27	3 22	5 20	15 08	1 ♎ 16 16	3 N01
4	Su	20 58 25	15 36 49	16 09	8♎05 23	4 15	0 N42	15 04	14 47 49	1 S 36
5	M	21 02 22	16 37 38	15 51	21 23 44	4 52	3 S50	15 01	27 53 23	5 59
6	T	21 06 18	17 38 26	15 33	4 ♏ 17 08	5 12	8 02	14 58	10 ♏ 35 26	9 58
7	W	21 10 15	18 39 13	15 14	16 48 47	5 18	11 46	14 55	22 57 42	13 26
8	Th	21 14 11	19 39 59	14 55	29 02 47	5 08	14 55	14 52	5 ✗ 04 36	16 15
9	F	21 18 08	20 40 45	14 36	11 ✗ 03 43	4 46	17 23	14 49	17 00 44	18 20
10	S	21 22 04	21 41 29	14 16	22 56 13	4 11	19 04	14 45	28 50 41	19 36
11	Su	21 26 01	22 42 12	13 57	4 ♑ 44 40	3 26	19 56	14 42	10 ♑ 38 39	20 02
12	M	21 29 57	23 42 54	13 37	16 33 05	2 32	19 54	14 39	22 28 24	19 33
13	T	21 33 54	24 43 35	13 17	28 24 58	1 31	19 00	14 36	4 ≈ 23 07	18 13
14	W	21 37 51	25 44 15	12 56	10≈23 10	0 N26	17 13	14 33	16 25 23	16 02
15	Th	21 41 47	26 44 53	12 36	22 30 01	0 S42	14 40	14 29	28 37 14	13 07
16	F	21 45 44	27 45 29	12 15	4 ✗ 47 14	1 48	11 25	14 26	11 ✗ 00 09	9 35
17	S	21 49 40	28 46 04	11 54	17 16 07	2 49	7 38	14 23	23 35 13	5 34
18	Su	21 53 37	29≈46 38	11 33	29 57 34	3 44	3 S26	14 20	6 ♈ 23 14	1 S15
19	M	21 57 33	0 ✗47 10	11 11	12 ♈ 52 17	4 28	0 N58	14 17	19 24 49	3 N11
20	T	22 01 30	1 47 40	10 50	26 00 51	4 59	5 24	14 14	2 ♉ 40 29	7 33
21	W	22 05 26	2 48 08	10 28	9 ♉ 23 45	5 14	9 39	14 10	16 10 42	11 38
22	Th	22 09 23	3 48 34	10 07	23 01 21	5 13	13 29	14 07	29 55 42	15 10
23	F	22 13 20	4 48 59	9 45	6 ♊ 53 44	4 53	16 39	14 04	13 ♊ 55 22	17 54
24	S	22 17 16	5 49 22	9 22	21 00 28	4 15	18 53	14 01	28 08 51	19 35
25	Su	22 21 13	6 49 42	9 00	5♋20 13	3 21	19 59	13 58	12 ♋ 34 15	20 02
26	M	22 25 09	7 50 01	8 38	19 50 28	2 14	19 46	13 54	27 08 22	19 09
27	T	22 29 06	8 50 18	8 15	4 ♌ 27 20	0 S57	18 13	13 51	11 ♌ 46 39	16 59
28	W	22 33 02	9 ✗50 33	7 S53	19 ♌ 05 36	0 N23	15 N28	13 ♌ 48	26 ♌ 23 23	13 N42

D	Mercury		Venus		Mars		Jupiter	
M	Lat.	Dec.	Lat.	Dec.	Lat.	Dec.	Lat.	Dec.

	° ′	° ′ ° ′	° ′	° ′ ° ′	° ′	° ′ ° ′	° ′	° ′ ° ′
1	1 S45	21 S 32	1 S 21	16 S41	0 N 38	20 S 15	1 N 07	17 S 01
3	1 52	20 53 / 21 S 13	1 23	15 55 / 16 S 18	0 37	20 30 / 20 S 23	1 07	17 03
5	1 57	20 09 / 20 32	1 24	15 08 / 15 32	0 36	20 44 / 20 37	1 07	17 06
7	2 02	19 20 / 19 45	1 26	14 19 / 14 43	0 34	20 58 / 20 51	1 08	17 09
9	2 04	18 24 / 18 53	1 27	13 28 / 13 53	0 33	21 11 / 21 04	1 08	17 11
		17 54		13 02		21 17		
11	2 06	17 23 / 16 50	1 27	12 36 / 12 09	0 32	21 23 / 21 29	1 08	17 13
13	2 05	16 16 / 15 41	1 28	11 42 / 11 15	0 30	21 35 / 21 41	1 09	17 15
15	2 03	15 04 / 14 25	1 28	10 47 / 10 20	0 29	21 47 / 21 52	1 09	17 17
17	1 59	13 46 / 13 04	1 28	9 52 / 9 23	0 27	21 57 / 22 02	1 09	17 19
19	1 52	12 22 / 11 38	1 27	8 55 / 8 26	0 25	22 07 / 22 12	1 09	17 20
21	1 44	10 53 / 10 06	1 27	7 57 / 7 27	0 24	22 17 / 22 22	1 10	17 21
23	1 33	9 19 / 8 30	1 26	6 58 / 6 28	0 22	22 26 / 22 30	1 10	17 22
25	1 20	7 40 / 6 49	1 25	5 59 / 5 29	0 20	22 34 / 22 38	1 10	17 23
27	1 05	5 58 / 5 05	1 23	4 58 / 4 28	0 18	22 42 / 22 46	1 11	17 24
29	0 47	4 12 / 3 S 19	1 22	3 58 / 3 S27	0 17	22 49 / 22 S 53	1 11	17 24
31	0 S26	2 S 25	1 S 20	2 S 57	0 N 15	22 S 56	1 N 11	17 S 25

D	☿	♀	♂	♃	♄	♅	♆	♇	Lunar Aspects								
M	Long.	Long.	Long.	Long.	Long.	Long.	Long.	Long.	☉	☿	♀	♂	♃	♄	♅	♆	♇
1	1≈29	18≈07	3✗39	21♏18	4✓53	24♈57	12✗48	19✓50				□		♂	△		
2	3 06	19 23	4 16	21 24	4 59	24 59	12 50	19 52				□		△	♂	♂	♂
3	4 43	20 38	4 53	21 30	5 05	25 00	12 52	19 54	♂	♂		✶					△
4	6 21	21 53	5 30	21 36	5 11	25 02	12 54	19 56			♂	✶	∠	□			
5	7 59	23 08	6 06	21 42	5 17	25 04	12 56	19 58	△		△	∠	∠			♂	□
6	9 39	24 24	6 43	21 47	5 23	25 05	12 58	20 00		□		⊻		✶		♂	
7	11 19	25 39	7 19	21 53	5 29	25 07	13 00	20 01	□			♂	∠			△	✶
8	13 00	26 54	7 56	21 58	5 34	25 09	13 02	20 03		□							∠
9	14 42	28 09	8 32	22 03	5 40	25 11	13 04	20 05	✶			♂		⊻	□		
10	16 24	29≈25	9 09	22 08	5 46	25 13	13 07	20 07	✶				⊻	△			⊻
11	18 07	0✗40	9 45	22 13	5 51	25 15	13 09	20 09	∠	∠	✶	⊻	∠	♂			
12	19 52	1 55	10 22	22 17	5 57	25 17	13 11	20 10		⊻	∠		✶			✶	♂
13	21 37	3 10	10 58	22 22	6 02	25 19	13 13	20 12	⊻		⊻	∠			□	∠	
14	23 22	4 25	11 34	22 26	6 08	25 21	13 15	20 14				✶			⊻	⊻	
15	25 09	5 40	12 10	22 30	6 13	25 23	13 17	20 16	●	♂			□	∠	✶		⊻
16	26 57	6 55	12 47	22 34	6 18	25 25	13 20	20 17			♂				✶	∠	∠
17	28≈45	8 10	13 23	22 37	6 24	25 27	13 22	20 19				□	△			♂	✶
18	0✗34	9 25	13 59	22 41	6 29	25 29	13 24	20 21	⊻	⊻					⊻		
19	2 24	10 41	14 35	22 44	6 34	25 32	13 26	20 22	∠	∠	⊻	△	□	□			□
20	4 15	11 56	15 11	22 47	6 39	25 34	13 29	20 24	✶		∠	⊻			♂	∠	
21	6 07	13 11	15 47	22 50	6 44	25 36	13 31	20 26		✶	✶		△		✶		
22	7 59	14 26	16 23	22 53	6 49	25 39	13 33	20 27				♂	⊻	⊻			△
23	9 51	15 40	16 59	22 56	6 54	25 41	13 35	20 29	□	□			∠		∠	□	⊻
24	11 44	16 55	17 35	22 58	6 58	25 43	13 38	20 30			□	♂			✶		
25	13 38	18 10	18 10	23 01	7 03	25 46	13 40	20 32	△				⊻	♂			
26	15 32	19 25	18 46	23 03	7 08	25 49	13 42	20 33	⊻	△	△		△			□	△
27	17 25	20 40	19 22	23 05	7 12	25 51	13 44	20 35		⊻	⊻	⊻					♂
28	19✗19	21✗55	19✗57	23♏06	7✓17	25♈54	13✗47	20✓36			△	□	⊻	△			

D	Saturn		Uranus		Neptune		Pluto		Mutual Aspects
M	Lat.	Dec.	Lat.	Dec.	Lat.	Dec.	Lat.	Dec.	
1	0N53	22S28	0S33	9N09	0S54	7S36	0N24	21S34	1 ☉Q♅. ☉⊻♆. ☉∥♃. ☿∥♇.
3	0 53	22 28	0 33	9 10	0 54	7 34	0 24	21 34	2 ☿Q♃. ♀⊻♇.
5	0 53	22 27	0 33	9 11	0 54	7 32	0 24	21 33	3 ☿✶♂. ☿⊻h. ♀∠h. ♂⊻h. ♂∠♇.
7	0 53	22 27	0 33	9 13	0 54	7 31	0 24	21 33	4 ☿⊥♆. ♀□♃. ☿∥♂.
9	0 53	22 26	0 33	9 14	0 54	7 29	0 24	21 33	7 ☿∠h. ♀✶♅. ♀⊥♇.
									8 ☉⊻♇. ☿Q♃. ☿⊻♆.
11	0 53	22 26	0 33	9 15	0 54	7 27	0 23	21 32	9 ☉Q♂. ☉∠h.
13	0 53	22 25	0 33	9 17	0 54	7 26	0 23	21 32	10 ☉□♃. 11 ☿∥♃.
15	0 53	22 25	0 33	9 19	0 54	7 24	0 23	21 32	12 ☿⊻♇. ♂□♅. ♂∥♇.
17	0 53	22 24	0 33	9 20	0 54	7 22	0 23	21 31	13 ☿□♃. ☿∠h.
19	0 53	22 24	0 33	9 22	0 54	7 21	0 23	21 31	14 ☉✶♅. ♀Q♂.
									15 ☉⊥♇. ☿✶♅. ♀✶h. ♀∠♇.
21	0 53	22 23	0 32	9 24	0 54	7 19	0 23	21 31	16 ☿⊥♇.
23	0 53	22 23	0 32	9 25	0 54	7 17	0 22	21 30	17 ☉♂☿. ♂□♆.
25	0 53	22 22	0 32	9 27	0 54	7 16	0 22	21 30	18 ♀∥♅.
27	0 53	22 22	0 32	9 29	0 54	7 14	0 22	21 30	19 ♀∠♅. ♂⊥♇.
29	0 53	22 21	0 32	9 31	0 54	7 12	0 22	21 29	21 ☿✶h. ☿⊻♇. ♂♂♆.
31	0N53	22S21	0S32	9N33	0S54	7S10	0N22	21S29	22 ☿∥☿. ♀∥♆. ♂∥h.
									23 ☿∠♅. ☉♃♅.
									24 ☿∠♇. ☉✶♅.
									25 ☉✶h. ☿♂♆. ♀□♂. ☿∥♆.
									26 ♀Qh. ♀⊥♅.
									27 ♀✶♇.
									28 ☿□♂. ☿Qh. ☿⊥♅.

LAST QUARTER–Feb. 7,15h.54m. (18°♏49′)

NEW MOON–Mar.17,13h.12m. (26°)(53')

D M	D W	Sidereal Time	☉ Long.	☉ Dec.	☽ Long.	☽ Lat.	☽ Dec.	☽ Node	☽ Long. 24h.	☽ Dec.
		h m s	° ′ ″	° ′	° ′ ″	° ′	° ′	° ′	° ′ ″	° ′
1	Th	22 36 59	10 ✕ 50 45	7 S 30	3 ♍ 39 12	1 N42	11 N45	13 ♌ 45	10 ♍ 52 15	9 N37
2	F	22 40 55	11 50 56	7 07	18 01 48	2 52	7 22	13 42	25 07 10	5 03
3	S	22 44 52	12 51 06	6 44	2 ♎ 07 45	3 51	2 N41	13 39	9 ♎ 03 05	0 N19
4	Su	22 48 49	13 51 13	6 21	15 52 47	4 35	2 S 01	13 35	22 36 39	4 S 18
5	M	22 52 45	14 51 19	5 58	29 14 34	5 02	6 29	13 32	5 ♏ 46 34	8 35
6	T	22 56 42	15 51 23	5 35	12 ♏ 12 49	5 13	10 32	13 29	18 33 34	12 20
7	W	23 00 38	16 51 26	5 11	24 49 10	5 08	13 59	13 26	1 ✗ 00 04	15 27
8	Th	23 04 35	17 51 27	4 48	7 ✗ 06 46	4 49	16 45	13 23	13 09 49	17 50
9	F	23 08 31	18 51 27	4 24	19 09 49	4 17	18 43	13 20	25 07 23	19 23
10	S	23 12 28	19 51 24	4 01	1 ♑ 03 10	3 35	19 51	13 16	6 ♑ 57 48	20 05
11	Su	23 16 24	20 51 21	3 37	12 51 57	2 44	20 05	13 13	18 46 12	19 53
12	M	23 20 21	21 51 15	3 14	24 41 11	1 46	19 27	13 10	0 ≈ 37 29	18 48
13	T	23 24 18	22 51 08	2 50	6 ≈ 35 37	0 N43	17 56	13 07	12 36 06	16 51
14	W	23 28 14	23 50 59	2 27	18 39 22	0 S 23	15 35	13 04	24 45 49	14 08
15	Th	23 32 11	24 50 48	2 03	0 ✕ 55 46	1 28	12 31	13 00	7 ✕ 09 29	10 44
16	F	23 36 07	25 50 36	1 39	13 27 09	2 31	8 49	12 57	19 48 54	6 47
17	S	23 40 04	26 50 21	1 15	26 14 45	3 27	4 39	12 54	2 ♈ 44 41	2 S 27
18	Su	23 44 00	27 50 05	0 52	9 ♈ 18 36	4 13	0 S 12	12 51	15 56 20	2 N05
19	M	23 47 57	28 49 46	0 28	22 37 41	4 47	4 N21	12 48	29 22 24	6 36
20	T	23 51 53	29 ✕ 49 25	0 S 04	6 ♉ 10 11	5 05	8 46	12 45	13 ♉ 00 46	10 51
21	W	23 55 50	0 ♈ 49 03	0 N19	19 51 15	5 06	12 47	12 41	26 49 07	14 34
22	Th	23 59 47	1 48 37	0 43	3 ♊ 46 20	4 50	16 09	12 38	10 ♊ 45 15	17 31
23	F	0 03 43	2 48 10	1 07	17 45 37	4 16	18 33	12 35	24 47 16	19 27
24	S	0 07 40	3 47 41	1 30	1 ♋ 50 02	3 26	19 59	12 32	8 ♋ 53 45	20 12
25	Su	0 11 36	4 47 09	1 54	15 58 17	2 24	20 06	12 29	23 03 27	19 40
26	M	0 15 33	5 46 34	2 18	0 ♌ 09 05	1 S 14	18 56	12 26	7 ♌ 14 58	17 54
27	T	0 19 29	6 45 58	2 41	14 20 53	0 N03	16 35	12 22	21 26 30	15 00
28	W	0 23 26	7 45 19	3 05	28 31 30	1 19	13 13	12 19	5 ♍ 35 28	11 14
29	Th	0 27 22	8 44 38	3 28	12 ♍ 37 59	2 29	9 06	12 16	19 38 33	6 52
30	F	0 31 19	9 43 54	3 51	26 37 19	3 29	4 N33	12 13	3 ♎ 31 54	2 N11
31	S	0 35 16	10 ♈ 43 09	4 N15	10 ♎ 23 42	4 N16	0 S 11	12 ♌ 10	17 ♎ 11 39	2 S 32

D M	Mercury Lat.	Mercury Dec.		Venus Lat.	Venus Dec.		Mars Lat.	Mars Dec.		Jupiter Lat.	Jupiter Dec.
	° ′	° ′		° ′	° ′	° ′	° ′	° ′	° ′	° ′	° ′
1	0 S 47	4 S 12		1 S 22	3 S 58		0 N 17	22 S 49		1 N 11	17 S 24
3	0 26	2 25	3 S 19	1 20	2 57	3 S 27	0 15	22 56	22 S 53	1 11	17 25
5	0 S 04	0 S 38	1 S 31	1 18	1 55	2 26	0 13	23 02	22 59	1 12	17 25
7	0 N21	1 N08	0 N 16	1 15	0 S 54	1 25	0 10	23 08	23 05	1 12	17 25
9	0 47	2 50	1 59 3 38	1 13	0 N08	0 S 23 0 N39	0 08	23 13	23 10 23 15	1 12	17 25
11	1 14	4 25	5 10	1 10	1 10	1 40	0 06	23 17	23 19	1 13	17 24
13	1 40	5 52	6 31	1 07	2 11	2 42	0 04	23 21	23 23	1 13	17 24
15	2 06	7 07	7 40	1 03	3 13	3 44	0 N 02	23 24	23 26	1 13	17 23
17	2 30	8 10	8 35	1 00	4 14	4 45	0 S 01	23 27	23 28	1 13	17 22
19	2 51	8 57	9 15	0 56	5 15	5 45	0 03	23 29	23 30	1 14	17 21
21	3 08	9 29	9 38	0 52	6 16	6 46	0 06	23 31	23 32	1 14	17 19
23	3 20	9 43	9 43	0 48	7 16	7 45	0 09	23 32	23 33	1 14	17 18
25	3 26	9 39	9 31	0 44	8 15	8 44	0 11	23 33	23 33	1 14	17 16
27	3 25	9 19	9 03	0 39	9 13	9 42	0 14	23 33	23 33	1 15	17 14
29	3 17	8 44	8 N 21	0 35	10 11	10 N40	0 17	23 33	23 S 33	1 15	17 12
31	3 N03	7 N55		0 S 30	11 N08		0 S 20	23 S 32		1 N 15	17 S 10

FIRST QUARTER–Mar.24,15h.35m. (3°♋57')

FULL MOON–Mar. 2,00h.51m. (11°♍23′) & Mar.31,12h.37m. (10°♎45′)

EPHEMERIS] MARCH 2018

D M	☿ Long. ° ′	♀ Long. ° ′	♂ Long. ° ′	♃ Long. ° ′	♄ Long. ° ′	♅ Long. ° ′	♆ Long. ° ′	♇ Long. ° ′	Lunar Aspects ☉	☿	♀	♂	♃	♄	♅	♆	♇
1	21♓12	23♓10	20♐33	23♏08	7♑21	25♈56	13♓49	20♑38						△			⚻
2	23 04	24 25	21 08	23 09	7 25	25 59	13 51	20 39	☍	☍	☍	□	⚹		⚻	☍	△
3	24 55	25 39	21 44	23 10	7 30	26 02	13 54	20 41					∠	□			
4	26 45	26 54	22 19	23 11	7 34	26 05	13 56	20 42									□
5	28♓33	28 09	22 55	23 12	7 38	26 07	13 58	20 44	⚻			⚹	⚺		☍	⚻	
6	0♈19	29♓23	23 30	23 13	7 42	26 10	14 00	20 45	△	⚻	⚻	∠		⚹		△	
7	2 02	0♈38	24 05	23 13	7 46	26 13	14 03	20 46				⚺	☌	∠			⚹
8	3 42	1 53	24 40	23 13	7 50	26 16	14 05	20 47		△	△			⚺	⚻		∠
9	5 19	3 07	25 15	23R 13	7 53	26 19	14 07	20 49	□				⚺			□	⚺
10	6 50	4 22	25 50	23 13	7 57	26 21	14 09	20 50			□	☌			△		
11	8 18	5 37	26 25	23 13	8 01	26 24	14 12	20 51		□			∠	☌		⚹	
12	9 39	6 51	27 00	23 12	8 04	26 27	14 14	20 52	⚹			⚺	⚹		□	∠	☌
13	10 55	8 06	27 35	23 12	8 08	26 30	14 16	20 54	∠	⚹	⚹			⚺			
14	12 05	9 20	28 10	23 11	8 11	26 33	14 19	20 55	⚺			∠	□	∠		⚺	⚺
15	13 08	10 35	28 44	23 10	8 14	26 36	14 21	20 56		∠	∠	⚹			⚹		∠
16	14 03	11 49	29 19	23 08	8 17	26 39	14 23	20 57		⚺	⚺			⚹	∠	☌	
17	14 52	13 03	29♐53	23 07	8 20	26 43	14 25	20 58	☌			□	△		⚺		⚹
18	15 32	14 18	0♑28	23 05	8 23	26 46	14 27	20 59		☌	☌		⚻	□		⚺	
19	16 05	15 32	1 02	23 03	8 26	26 49	14 30	21 00	⚺						☌		□
20	16 29	16 47	1 36	23 01	8 29	26 52	14 32	21 01				△		△		∠	
21	16 45	18 01	2 10	22 59	8 32	26 55	14 34	21 02	∠	⚺	⚺	⚻	☍	⚻		⚹	△
22	16 53	19 15	2 44	22 57	8 34	26 58	14 36	21 03	⚹	∠	∠				⚺		⚻
23	16R 54	20 29	3 18	22 54	8 37	27 01	14 39	21 04		⚹	⚹				∠	□	
24	16 46	21 44	3 52	22 51	8 39	27 05	14 41	21 05	□			☍	⚻	☍	⚹		
25	16 31	22 58	4 26	22 48	8 42	27 08	14 43	21 05		□			△			△	☍
26	16 09	24 12	4 59	22 45	8 44	27 11	14 45	21 06	△		□				□	⚻	
27	15 40	25 26	5 33	22 42	8 46	27 14	14 47	21 07		△		⚻					
28	15 06	26 40	6 06	22 39	8 48	27 18	14 49	21 08	⚻	⚻	△		□	⚻	△		
29	14 27	27 54	6 40	22 35	8 50	27 21	14 51	21 09			⚻	△		△	⚻	☍	⚻
30	13 44	29♈08	7 13	22 31	8 52	27 24	14 54	21 09					⚹				△
31	12♈57	0♉22	7♑46	22♏27	8♑54	27♈28	14♓56	21♑10	☍	☍		□	∠	□			

D M	Saturn Lat. ° ′	Saturn Dec. ° ′	Uranus Lat. ° ′	Uranus Dec. ° ′	Neptune Lat. ° ′	Neptune Dec. ° ′	Pluto Lat. ° ′	Pluto Dec. ° ′
1	0N53	22S21	0S32	9N31	0S54	7S12	0N22	21S29
3	0 53	22 21	0 32	9 33	0 54	7 10	0 22	21 29
5	0 53	22 20	0 32	9 35	0 54	7 09	0 22	21 29
7	0 53	22 20	0 32	9 37	0 54	7 07	0 21	21 29
9	0 53	22 19	0 32	9 39	0 54	7 05	0 21	21 28
11	0 53	22 19	0 32	9 41	0 54	7 03	0 21	21 28
13	0 53	22 19	0 32	9 44	0 54	7 02	0 21	21 28
15	0 53	22 18	0 32	9 46	0 55	7 00	0 21	21 28
17	0 53	22 18	0 32	9 48	0 55	6 58	0 21	21 28
19	0 53	22 17	0 32	9 50	0 55	6 57	0 20	21 28
21	0 53	22 17	0 32	9 53	0 55	6 55	0 20	21 27
23	0 53	22 17	0 32	9 55	0 55	6 53	0 20	21 27
25	0 53	22 16	0 32	9 57	0 55	6 52	0 20	21 27
27	0 53	22 16	0 32	10 00	0 55	6 50	0 20	21 27
29	0 53	22 16	0 32	10 02	0 55	6 48	0 20	21 27
31	0N53	22S15	0S32	10N04	0S55	6S47	0N19	21S27

Mutual Aspects

1 ☉∠♅. ☿⚹♇. ♀△♃. ♂⚺♇.
2 ☿△♃. ☉∥♆. ☿∥♀.
3 ♀⚺♅.
4 ☉☌♆. ☿☌♀. ☿⚺♅.
6 ♂⚺♃.
7 ☿Q♇. ☿#♀.
9 ♀Q♇. ♃Stat.
10 ☉Q♄. ☉#☿.
11 ☉⊥♅. ☉⚹♇. ☿⚻♃. ☿□♄. ♂△♅.
13 ☉△♃. ♀⚻♃. ♀□♄.
14 ♃∠♄. ☉#♀.
15 ☿#♆.
16 ☿⚺♆. ♂⊥♃.
17 ☉⚺♅. 18 ♀⚺♆.
20 ☿☌♀. ♀±♃.
22 ♂Q♆. ♀#♆.
23 ☉Q♇. ♀⊥♆. ♀□♇. ☿Stat.
24 ☉□♂. 25 ♀∇♃.
27 ☿∥♀.
28 ☉⚻♃. ☿⚺♆.
29 ☉□♄. ♀☌♅. ♀∥♅.
30 ♂∠♃. 31 ♀∠♆.

LAST QUARTER–Mar. 9,11h.20m. (18°♐50′)

8						APRIL	2018			[RAPHAEL'S

D	D	Sidereal	☉	☉	☽	☽	☽	☽	24h.	
M	W	Time	Long.	Dec.	Long.	Lat.	Dec.	Node	☽ Long.	☽ Dec.

		h m s	° ′ ″	° ′	° ′ ″	° ′	° ′	° ′	° ′ ″	° ′
1	Su	0 39 12	11 ♈ 42 21	4 N38	23 ♎ 55 23	4 N48	4 S 49	12 ♌ 06	0 ♏ 34 35	7 S 02
2	M	0 43 09	12 41 31	5 01	7 ♏ 09 02	5 03	9 07	12 03	13 38 36	11 05
3	T	0 47 05	13 40 40	5 24	20 03 18	5 02	12 54	12 00	26 23 11	14 32
4	W	0 51 02	14 39 47	5 47	2 ♐ 38 27	4 47	16 00	11 57	8 ♐ 49 23	17 15
5	Th	0 54 58	15 38 52	6 09	14 56 20	4 18	18 19	11 54	20 59 45	19 09
6	F	0 58 55	16 37 55	6 32	27 00 09	3 38	19 46	11 51	2 ♑ 58 05	20 09
7	S	1 02 51	17 36 56	6 55	8 ♑ 54 10	2 50	20 19	11 47	14 49 02	20 15
8	Su	1 06 48	18 35 56	7 17	20 43 21	1 54	19 58	11 44	26 37 48	19 27
9	M	1 10 45	19 34 54	7 40	2 ♒ 33 05	0 N53	18 43	11 41	8 ♒ 29 51	17 47
10	T	1 14 41	20 33 50	8 02	14 28 47	0 S 10	16 39	11 38	20 30 30	15 19
11	W	1 18 38	21 32 44	8 24	26 35 36	1 14	13 49	11 35	2 ♓ 44 38	12 08
12	Th	1 22 34	22 31 37	8 46	8 ♓ 58 02	2 16	10 18	11 32	15 16 14	8 20
13	F	1 26 31	23 30 27	9 08	21 39 31	3 12	6 15	11 28	28 08 06	4 S 04
14	S	1 30 27	24 29 16	9 29	4 ♈ 42 03	4 00	1 S 48	11 25	11 ♈ 21 21	0 N31
15	Su	1 34 24	25 28 03	9 51	18 05 49	4 36	2 N51	11 22	24 55 11	5 10
16	M	1 38 20	26 26 48	10 12	1 ♉ 49 03	4 57	7 27	11 19	8 ♉ 46 57	9 40
17	T	1 42 17	27 25 31	10 33	15 48 16	5 01	11 46	11 16	22 52 25	13 43
18	W	1 46 14	28 24 12	10 54	29 58 43	4 46	15 29	11 12	7 ♊ 06 30	17 01
19	Th	1 50 10	29 ♈ 22 51	11 15	14 ♊ 15 11	4 14	18 33	11 09	21 24 09	19 18
20	F	1 54 07	0 ♉ 21 28	11 36	28 32 54	3 26	20 00	11 06	5 ♋ 41 01	20 23
21	S	1 58 03	1 20 03	11 56	12 ♋ 48 08	2 24	20 25	11 03	19 53 59	20 08
22	Su	2 02 00	2 18 35	12 16	26 58 23	1 15	19 32	11 00	4 ♌ 01 12	18 38
23	M	2 05 56	3 17 06	12 36	11 ♌ 02 21	0 S 01	17 26	10 57	18 01 46	16 00
24	T	2 09 53	4 15 34	12 56	24 59 15	1 N12	14 19	10 53	1 ♍ 55 16	12 33
25	W	2 13 49	5 13 59	13 16	8 ♍ 49 15	2 20	10 26	10 50	15 41 17	8 16
26	Th	2 17 46	6 12 23	13 35	22 31 14	3 20	6 01	10 47	29 18 58	3 N43
27	F	2 21 43	7 10 45	13 54	6 ♎ 04 19	4 07	1 N22	10 44	12 ♎ 47 03	0 S 58
28	S	2 25 39	8 09 04	14 13	19 26 57	4 40	3 S 17	10 41	26 03 48	5 33
29	Su	2 29 36	9 07 22	14 32	2 ♏ 37 23	4 57	7 43	10 38	9 ♏ 07 30	9 47
30	M	2 33 32	10 ♉ 05 38	14 N50	15 ♏ 33 59	4 N59	11 S 43	10 ♌ 34	21 ♏ 56 43	13 S 31

D	Mercury			Venus			Mars			Jupiter	
M	Lat.	Dec.		Lat.	Dec.		Lat.	Dec.		Lat.	Dec.

	° ′	° ′	° ′	° ′	° ′	° ′	° ′	° ′	° ′	° ′	° ′
1	2 N53	7 N27	6 N 58	0 S 28	11 N36	12 N04	0 S 21	23 S 32	23 S 31	1 N 15	17 S 09
3	2 29	6 27	5 55	0 23	12 31	12 58	0 25	23 31	23 30	1 15	17 07
5	2 01	5 23	4 51	0 17	13 25	13 51	0 28	23 29	23 28	1 16	17 04
7	1 30	4 21	3 51	0 12	14 18	14 43	0 31	23 27	23 26	1 16	17 01
9	0 58	3 23	2 57	0 07	15 09	15 34	0 34	23 24	23 23	1 16	16 58
11	0 N25	2 33	2 11	0 S 02	15 59	16 23	0 38	23 22	23 20	1 16	16 55
13	0 S 07	1 52	1 35	0 N 04	16 47	17 10	0 42	23 18	23 17	1 16	16 52
15	0 36	1 21	1 09	0 09	17 33	17 56	0 45	23 15	23 13	1 16	16 49
17	1 03	1 00	0 54	0 15	18 18	18 39	0 49	23 11	23 09	1 16	16 46
19	1 28	0 50	0 49	0 20	19 01	19 21	0 53	23 07	23 05	1 16	16 42
21	1 50	0 50	0 53	0 26	19 41	20 01	0 57	23 03	23 01	1 17	16 39
23	2 08	0 59	1 07	0 31	20 20	20 39	1 02	22 59	22 57	1 17	16 35
25	2 24	1 17	1 29	0 36	20 57	21 14	1 06	22 55	22 52	1 17	16 31
27	2 37	1 43	1 59	0 42	21 31	21 47	1 10	22 50	22 47	1 17	16 27
29	2 47	2 17	2 N 36	0 47	22 03	22 18	1 15	22 45	22 S 43	1 17	16 23
31	2 S 54	2 N57		0 N 53	22 N33		1 S 20	22 S 40		1 N 16	16 S 19

FULL MOON–Apr.30,00h.58m. (9°♏39′)

D M	☿ Long.	♀ Long.	♂ Long.	♃ Long.	♄ Long.	♅ Long.	♆ Long.	♇ Long.
	° ′	° ′	° ′	° ′	° ′	° ′	° ′	° ′
1	12♈09	1♉36	8♑19	22♏23	8♑55	27♈31	14♓58	21♑11
2	11R 19	2 50	8 52	22R 19	8 57	27 34	15 00	21 11
3	10 30	4 04	9 25	22 14	8 58	27 38	15 02	21 12
4	9 41	5 17	9 58	22 10	9 00	27 41	15 04	21 12
5	8 54	6 31	10 30	22 05	9 01	27 44	15 06	21 13
6	8 09	7 45	11 03	22 00	9 02	27 48	15 08	21 13
7	7 28	8 59	11 35	21 55	9 03	27 51	15 10	21 14
8	6 51	10 12	12 07	21 50	9 04	27 55	15 12	21 14
9	6 18	11 26	12 39	21 45	9 05	27 58	15 14	21 15
10	5 50	12 39	13 11	21 39	9 06	28 01	15 16	21 15
11	5 27	13 53	13 43	21 33	9 07	28 05	15 18	21 15
12	5 09	15 07	14 14	21 28	9 07	28 08	15 20	21 16
13	4 56	16 20	14 46	21 22	9 08	28 12	15 22	21 16
14	4 49	17 33	15 17	21 16	9 08	28 15	15 24	21 16
15	4D 47	18 47	15 48	21 10	9 09	28 18	15 25	21 16
16	4 50	20 00	16 19	21 03	9 09	28 22	15 27	21 17
17	4 58	21 14	16 50	20 57	9 09	28 25	15 29	21 17
18	5 11	22 27	17 20	20 50	9R 09	28 29	15 31	21 17
19	5 29	23 40	17 51	20 44	9 09	28 32	15 33	21 17
20	5 52	24 53	18 21	20 37	9 09	28 36	15 34	21 17
21	6 19	26 07	18 51	20 30	9 08	28 39	15 36	21 17
22	6 50	27 20	19 21	20 24	9 08	28 43	15 38	21 17
23	7 26	28 33	19 50	20 17	9 07	28 46	15 40	21R 17
24	8 05	29♉46	20 20	20 10	9 07	28 49	15 41	21 17
25	8 48	0♊59	20 49	20 03	9 06	28 53	15 43	21 17
26	9 35	2 12	21 18	19 55	9 05	28 56	15 44	21 17
27	10 25	3 25	21 47	19 48	9 05	29 00	15 46	21 17
28	11 18	4 37	22 16	19 41	9 04	29 03	15 48	21 17
29	12 14	5 50	22 44	19 33	9 03	29 07	15 49	21 17
30	13♈13	7♊03	23♑12	19♏26	9♑01	29♈10	15♓51	21♑16

Lunar Aspects

D M	☉	☿	♀	♂	♃	♄	♅	♆	♇
1					⊻		☍	⚼	□
2			☍	✱		✱			
3		⚼		∠	☌	∠		△	✱
4	⚼								∠
5	△	△		⊻		⊻	⚼	□	
6			⚼		⊻		△		⊻
7		□	△	☌	∠	☌			
8	□				✱			✱	☌
9		✱					□	∠	
10			□	⊻		⊻		⊻	
11	✱	∠		∠	□	∠	✱		⊻
12	∠	⊻		✱		✱	∠		∠
13	⊻		✱		△			☌	✱
14		☌	∠		⚼	□	⊻		
15			⊻	□				⊻	□
16	☌	⊻					☌	∠	
17		∠	☌	△	☍	△		✱	△
18	⊻	✱		⚼		⚼	⊻		⚼
19	∠						∠	□	
20	✱		⊻		⚼		✱		
21		□	∠	☍		☍		△	
22	□		✱		△		□	⚼	☍
23		△							
24		⚼	□		□	⚼	△		
25	△			⚼		△	⚼		⚼
26	⚼			△	✱			☍	△
27		☍	△		∠	□			
28			⚼	□	⊻				□
29						✱	☍	⚼	
30	☍				☌			△	✱

D M	Saturn Lat.	Saturn Dec.	Uranus Lat.	Uranus Dec.	Neptune Lat.	Neptune Dec.	Pluto Lat.	Pluto Dec.
	° ′	° ′	° ′	° ′	° ′	° ′	° ′	° ′
1	0N53	22S15	0S32	10N06	0S55	6S46	0N19	21S27
3	0 53	22 15	0 32	10 08	0 55	6 44	0 19	21 27
5	0 53	22 15	0 32	10 11	0 55	6 43	0 19	21 27
7	0 53	22 15	0 32	10 13	0 55	6 41	0 19	21 27
9	0 53	22 15	0 32	10 15	0 55	6 40	0 19	21 27
11	0 53	22 14	0 32	10 18	0 55	6 38	0 18	21 27
13	0 53	22 14	0 32	10 20	0 55	6 37	0 18	21 27
15	0 53	22 14	0 32	10 23	0 55	6 36	0 18	21 27
17	0 53	22 14	0 32	10 25	0 55	6 34	0 18	21 27
19	0 53	22 14	0 32	10 28	0 55	6 33	0 18	21 28
21	0 53	22 14	0 31	10 30	0 55	6 32	0 18	21 28
23	0 53	22 14	0 31	10 33	0 55	6 30	0 17	21 28
25	0 53	22 14	0 31	10 35	0 55	6 29	0 17	21 28
27	0 53	22 14	0 31	10 38	0 56	6 28	0 17	21 28
29	0 53	22 15	0 31	10 40	0 56	6 27	0 17	21 29
31	0N53	22S15	0S31	10N42	0S56	6S26	0N17	21S29

Mutual Aspects

1 ☉☌☿.
2 ♂☌♄. ☿#♆.
4 ☉⊻♆. ☿□♂. ☉‖☿.
5 ☉±♃. ☿□♄.
6 ☿⊻♀. ☉#♆.
7 ♀△♄. 8 ☿⚼♃.
10 ☿⊥♀.
11 ☉∇♃. ☉⊥♆. ☉□♇. ♀△♂.
12 ♀✱♆. 13 ♀#♃.
14 ♂✱♆. ♃✱♇.
15 ☿Stat. 16 ☿∠♀.
17 ♀☍♃. ♀△♇. ☉‖♅.
18 ☉☌♅. ♄Stat.
19 ♀⚼♄.
20 ☉∠♆. ☿⚼♃.
22 ♀Q♆. ♇Stat.
23 ♀⊻♅. 24 ♂✱♃.
25 ☿□♄.
26 ♂☌♇.
27 ♀±♄. ♀#♇.
28 ♀⊥♅.
29 ☉△♄. ♀⚼♇.
30 ☿±♃. ♀#♄.

LAST QUARTER–Apr. 8,07h.18m. (18°♑24′)

NEW MOON–May 15,11h.48m. (24° ♉ 36')

D M	D W	Sidereal Time	☉ Long.	☉ Dec.	☽ Long.	☽ Lat.	☽ Dec.	☽ Node	24h. ☽ Long.	☽ Dec.
		h m s	° ′ ″	° ′	° ′ ″	° ′	° ′	° ′	° ′	° ′
1	T	2 37 29	11 ♉ 03 52	15 N09	28 ♏ 15 41	4 N46	15 S 07	10 ♌ 31	4 ♐ 30 53	16 S 33
2	W	2 41 25	12 02 05	15 27	10 ♐ 42 24	4 19	17 47	10 28	16 50 24	18 47
3	Th	2 45 22	13 00 16	15 44	22 55 09	3 41	19 35	10 25	28 56 56	20 08
4	F	2 49 18	13 58 25	16 02	4 ♑ 56 10	2 53	20 28	10 22	10 ♑ 53 16	20 34
5	S	2 53 15	14 56 33	16 19	16 48 46	1 58	20 26	10 18	22 43 13	20 04
6	Su	2 57 12	15 54 40	16 36	28 37 13	0 N58	19 29	10 15	4 ≈ 31 25	18 41
7	M	3 01 08	16 52 45	16 53	10 ≈ 26 28	0 S 04	17 41	10 12	16 23 04	16 29
8	T	3 05 05	17 50 49	17 09	22 21 54	1 07	15 07	10 09	28 23 39	13 34
9	W	3 09 01	18 48 51	17 25	4 ♓ 28 59	2 08	11 51	10 06	10 ♓ 38 34	9 59
10	Th	3 12 58	19 46 52	17 41	16 52 58	3 04	8 00	10 03	23 12 43	5 54
11	F	3 16 54	20 44 51	17 56	29 38 17	3 52	3 S 42	9 59	6 ♈ 09 59	1 S 25
12	S	3 20 51	21 42 49	18 11	12 ♈ 48 03	4 30	0 N54	9 56	19 32 33	3 N15
13	Su	3 24 47	22 40 46	18 26	26 23 26	4 54	5 36	9 53	3 ♉ 20 27	7 55
14	M	3 28 44	23 38 42	18 41	10 ♉ 23 12	5 02	10 09	9 50	17 31 07	12 17
15	T	3 32 41	24 36 36	18 55	24 43 29	4 50	14 15	9 47	1 ♊ 59 30	16 01
16	W	3 36 37	25 34 29	19 09	9 ♊ 18 14	4 20	17 33	9 43	16 38 45	18 49
17	Th	3 40 34	26 32 20	19 23	24 00 04	3 33	19 46	9 40	1 ♋ 21 17	20 22
18	F	3 44 30	27 30 09	19 36	8 ♋ 41 33	2 31	20 38	9 37	16 00 06	20 33
19	S	3 48 27	28 27 57	19 49	23 16 19	1 20	20 07	9 34	0 ♌ 29 41	19 22
20	Su	3 52 23	29 ♉ 25 44	20 01	7 ♌ 39 49	0 S 04	18 17	9 31	14 46 29	16 56
21	M	3 56 20	0 ♊ 23 28	20 14	21 49 31	1 N11	15 21	9 28	28 48 50	13 33
22	T	4 00 16	1 21 11	20 26	5 ♍ 44 28	2 20	11 35	9 24	12 ♍ 36 28	9 28
23	W	4 04 13	2 18 52	20 37	19 24 55	3 20	7 15	9 21	26 09 55	4 59
24	Th	4 08 09	3 16 32	20 48	2 ♎ 51 34	4 08	2 N39	9 18	9 ♎ 29 59	0 N19
25	F	4 12 06	4 14 10	20 59	16 05 14	4 42	1 S 59	9 15	22 37 24	4 S 16
26	S	4 16 03	5 11 47	21 10	29 06 30	5 00	6 28	9 12	5 ♏ 32 36	8 36
27	Su	4 19 59	6 09 22	21 20	11 ♏ 55 41	5 03	10 36	9 09	18 15 47	12 28
28	M	4 23 56	7 06 56	21 30	24 32 56	4 51	14 12	9 05	0 ♐ 47 07	15 45
29	T	4 27 52	8 04 29	21 39	6 ♐ 58 26	4 25	17 07	9 02	13 06 55	18 16
30	W	4 31 49	9 02 01	21 48	19 12 42	3 48	19 13	8 59	25 15 55	19 56
31	Th	4 35 45	9 ♊ 59 32	21 N57	1 ♑ 16 46	3 N00	20 S 26	8 ♌ 56	7 ♑ 15 30	20 S 41

D M	Mercury Lat.		Mercury Dec.			Venus Lat.		Venus Dec.			Mars Lat.		Mars Dec.			Jupiter Lat.		Jupiter Dec.	
	°	°	° ′			° ′	° ′		° ′		° ′	° ′		° ′		° ′		° ′	
1	2 S 54	2 N57	3 N 20			0 N 53	22 N33	22 N47			1 S 20	22 S 40	22 S 38			1 N 16	16 S 19		
3	2 58	3 44	4 09			0 58	23 00	23 12			1 25	22 35	22 33			1 16	16 15		
5	3 00	4 36	5 05			1 03	23 24	23 36			1 30	22 30	22 28			1 16	16 11		
7	3 00	5 34	6 05			1 08	23 46	23 56			1 35	22 26	22 23			1 16	16 07		
9	2 57	6 37	7 10			1 13	24 06	24 14			1 40	22 21	22 18			1 16	16 03		
11	2 51	7 43	8 18			1 17	24 22	24 29			1 46	22 16	22 14			1 16	15 59		
13	2 44	8 54	9 31			1 22	24 36	24 42			1 52	22 12	22 09			1 16	15 55		
15	2 34	10 08	10 46			1 26	24 47	24 51			1 57	22 07	22 05			1 15	15 51		
17	2 22	11 25	12 04			1 30	24 55	24 58			2 04	22 03	22 01			1 15	15 47		
19	2 08	12 43	13 23			1 34	25 01	25 02			2 10	21 59	21 57			1 15	15 43		
21	1 52	14 04	14 44			1 38	25 03	25 03			2 16	21 55	21 54			1 15	15 39		
23	1 35	15 25	16 05			1 42	25 03	25 01			2 23	21 52	21 51			1 14	15 36		
25	1 16	16 45	17 25			1 45	24 59	24 57			2 29	21 49	21 48			1 14	15 32		
27	0 56	18 05	18 44			1 48	24 53	24 49			2 36	21 47	21 46			1 14	15 28		
29	0 35	19 21	19 N 58			1 51	24 45	24 N39			2 44	21 45	21 S 44			1 13	15 25		
31	0 S 14	20 N34				1 N 53	24 N33				2 S 51	21 S 43				1 N 13	15 S 21		

FIRST QUARTER–May 22,03h.49m. (1°♍02')

FULL MOON–May 29,14h.20m. (8°♐10′)

D M	☿ Long.	♀ Long.	♂ Long.	♃ Long.	♄ Long.	♅ Long.	♆ Long.	♇ Long.	☉	☿	♀	♂	♃	♄	♅	♆	♇
	° ′	° ′	° ′	° ′	° ′	° ′	° ′	° ′									
1	14♈16	8♊16	23♑40	19♏19	9♑00	29♈13	15♓52	21♑16		⚼		✱		∠			
2	15 21	9 28	24 08	19R 11	8R 59	29 17	15 54	21R 16		△	☍	∠		⊻	⚼	□	∠
3	16 28	10 41	24 35	19 03	8 57	29 20	15 55	21 16	⚼			⊻	⊻				⊻
4	17 39	11 54	25 03	18 56	8 56	29 23	15 56	21 15					∠	☌	△		
5	18 51	13 06	25 30	18 48	8 54	29 27	15 58	21 15	△	□			✱			✱	☌
6	20 07	14 19	25 56	18 41	8 53	29 30	15 59	21 14			⚼	☌			□	∠	
7	21 24	15 31	26 23	18 33	8 51	29 33	16 01	21 14			△			⊻		⊻	
8	22 44	16 43	26 49	18 25	8 49	29 37	16 02	21 14	□	✱		⊻	□	∠			⊻
9	24 07	17 56	27 15	18 18	8 47	29 40	16 03	21 13		∠				✱	✱		∠
10	25 31	19 08	27 40	18 10	8 45	29 43	16 04	21 13	✱		□	∠	△		∠	☌	✱
11	26 58	20 20	28 06	18 02	8 43	29 47	16 06	21 12		⊻		✱	⚼		⊻		
12	28 26	21 33	28 31	17 55	8 40	29 50	16 07	21 12	∠					□		⊻	
13	29♈57	22 45	28 55	17 47	8 38	29 53	16 08	21 11	⊻	☌	✱	□			☌	∠	□
14	1♉31	23 57	29 19	17 40	8 36	29♈56	16 09	21 10			∠			△		✱	
15	3 06	25 09	29♑43	17 32	8 33	0♉00	16 10	21 10	☌		⊻	△	☍	⚼	⊻		△
16	4 43	26 21	0♒07	17 25	8 31	0 03	16 11	21 09		⊻		⚼			∠	□	⚼
17	6 23	27 33	0 30	17 17	8 28	0 06	16 12	21 08	⊻	∠	☌				✱		
18	8 04	28 45	0 53	17 10	8 25	0 09	16 13	21 08	∠	✱			⚼	☍			
19	9 48	29♊56	1 15	17 02	8 23	0 12	16 14	21 07	✱				△		□	△	☍
20	11 34	1♋08	1 38	16 55	8 20	0 15	16 15	21 06		□	⊻	☍				⚼	
21	13 22	2 20	1 59	16 48	8 17	0 18	16 16	21 05			∠		□	⚼			
22	15 12	3 32	2 21	16 40	8 14	0 22	16 17	21 05	□		✱			△	△		⚼
23	17 04	4 43	2 42	16 33	8 11	0 25	16 18	21 04		△		⚼	✱		⚼	☍	△
24	18 58	5 55	3 02	16 26	8 08	0 28	16 19	21 03	△	⚼	□	△	∠	□			
25	20 54	7 06	3 22	16 19	8 04	0 31	16 20	21 02	⚼				⊻				□
26	22 52	8 18	3 42	16 12	8 01	0 34	16 21	21 01				□			☍	⚼	
27	24 52	9 29	4 01	16 05	7 58	0 37	16 21	21 00			△		☌	✱		△	
28	26 55	10 40	4 20	15 59	7 54	0 39	16 22	20 59		☍	⚼			∠			✱
29	28♉58	11 51	4 38	15 52	7 51	0 42	16 23	20 58	☍			✱		⊻			∠
30	1♊04	13 03	4 56	15 45	7 47	0 45	16 23	20 57				∠	⊻		⚼	□	⊻
31	3♊11	14♋14	5♒13	15♏39	7♑44	0♉48	16♓24	20♑56				⊻	∠		△		

D M	Saturn Lat.	Saturn Dec.	Uranus Lat.	Uranus Dec.	Neptune Lat.	Neptune Dec.	Pluto Lat.	Pluto Dec.
	° ′	° ′	° ′	° ′	° ′	° ′	° ′	° ′
1	0N53	22S15	0S31	10N42	0S56	6S26	0N17	21S29
3	0 53	22 15	0 31	10 45	0 56	6 25	0 17	21 29
5	0 53	22 15	0 31	10 47	0 56	6 24	0 16	21 29
7	0 53	22 15	0 31	10 49	0 56	6 23	0 16	21 30
9	0 53	22 16	0 31	10 52	0 56	6 22	0 16	21 30
11	0 53	22 16	0 31	10 54	0 56	6 21	0 16	21 30
13	0 53	22 16	0 31	10 56	0 56	6 20	0 16	21 31
15	0 53	22 17	0 31	10 59	0 56	6 19	0 15	21 31
17	0 53	22 17	0 31	11 01	0 56	6 18	0 15	21 31
19	0 53	22 17	0 32	11 03	0 56	6 18	0 15	21 32
21	0 53	22 18	0 32	11 05	0 56	6 17	0 15	21 32
23	0 53	22 18	0 32	11 07	0 57	6 16	0 15	21 33
25	0 53	22 19	0 32	11 09	0 57	6 16	0 15	21 33
27	0 53	22 19	0 32	11 11	0 57	6 15	0 14	21 33
29	0 53	22 19	0 32	11 13	0 57	6 15	0 14	21 34
31	0N53	22S20	0S32	11N15	0S57	6S14	0N14	21S34

Mutual Aspects

1 ♀#♂.
2 ♀⚼♂. ♀∇♄.
3 ☿⊻♆.
5 ☿∇♃. ☉#♃.
6 ☉✱♆. ♀∠♅.
7 ☿⊥♆. ☿□♇. ♀□♆. ♀±♇.
9 ☉☍♃. ♀∇♃. ☿#♆.
11 ☉△♇. ♂∥♄.
12 ☿□♂. ♀∇♇.
13 ☉⊻♀. ☿☌♅. ♀±♂.
14 ☉⚼♄. ☿∠♆. ♀±♃.
15 ♂Q♃.
16 ♂□♅. ☿∥♅.
18 ☿△♄.
19 ☉Q♆. ♀✱♅. ♂∠♆.
21 ☉⊻♅. ♀∇♂. ♀⚼♃.
23 ☉±♄. ☿☍♃. ☿✱♆. ☿#♃.
24 ☉△♂.
25 ☿△♇. ♃△♆.
26 ☿⚼♄. ♀☍♄.
27 ☉⊥♅. ☉⚼♇. ☿∠♀.
28 ☉#♇.
29 ☉∇♄. ☿Q♆.
30 ☿±♄. ☿⊻♅. ♀Q♅. ☉#♂.

LAST QUARTER–May 8,02h.09m. (17°♒27′)

12					JUNE		2018						[RAPHAEL'S

D	D	Sidereal	☉	☉	☽	☽	☽	☽		24h.	
M	W	Time	Long.	Dec.	Long.	Lat.	Dec.	Node	☽ Long.	☽ Dec.

		h m s	° ′ ″	° ′	° ′ ″	° ′	° ′	° ′	° ′	° ′
1	F	4 39 42	10 ♊ 57 02	22 N05	13 ♑ 12 25	2 N05	20 S 42	8 ♌ 53	19 ♑ 07 50	20 S 30
2	S	4 43 39	11 54 31	22 13	25 02 10	1 05	20 04	8 49	0 ≈ 55 52	19 24
3	Su	4 47 35	12 51 59	22 20	6 ≈ 49 24	0 N02	18 32	8 46	12 43 20	17 28
4	M	4 51 32	13 49 26	22 27	18 38 13	1 S 02	16 13	8 43	24 34 39	14 47
5	T	4 55 28	14 46 52	22 34	0 ✕ 33 17	2 03	13 11	8 40	6 ✕ 34 45	11 27
6	W	4 59 25	15 44 18	22 40	12 39 42	3 00	9 34	8 37	18 48 47	7 35
7	Th	5 03 21	16 41 43	22 46	25 02 37	3 49	5 29	8 34	1 ♈ 21 47	3 S 17
8	F	5 07 18	17 39 08	22 52	7 ♈ 46 51	4 29	1 S 02	8 30	14 18 14	1 N16
9	S	5 11 14	18 36 32	22 57	20 56 19	4 57	3 N35	8 27	27 41 19	5 54
10	Su	5 15 11	19 33 55	23 01	4 ♉ 33 21	5 08	8 12	8 24	11 ♉ 32 18	10 25
11	M	5 19 08	20 31 18	23 06	18 37 57	5 02	12 31	8 21	25 49 50	14 29
12	T	5 23 04	21 28 40	23 10	3 ♊ 07 20	4 37	16 15	8 18	10 ♊ 29 40	17 47
13	W	5 27 01	22 26 02	23 13	17 55 52	3 53	19 02	8 15	25 24 53	19 57
14	Th	5 30 57	23 23 23	23 16	2 ♋ 55 35	2 52	20 32	8 11	10 ♋ 26 50	20 45
15	F	5 34 54	24 20 44	23 19	17 57 29	1 39	20 36	8 08	25 26 30	20 04
16	S	5 38 50	25 18 04	23 21	2 ♌ 52 55	0 S 20	19 12	8 05	10 ♌ 15 55	18 00
17	Su	5 42 47	26 15 22	23 23	17 34 50	1 N00	16 31	8 02	24 49 09	14 47
18	M	5 46 43	27 12 40	23 24	1 ♍ 58 30	2 14	12 52	7 59	9 ♍ 02 39	10 46
19	T	5 50 40	28 09 57	23 25	16 01 31	3 19	8 34	7 55	22 55 06	6 16
20	W	5 54 37	29 ♊ 07 14	23 26	29 43 29	4 10	3 N56	7 52	6 ♎ 26 50	1 N34
21	Th	5 58 33	0 ♋ 04 29	23 26	13 ♎ 05 22	4 46	0 S 46	7 49	19 39 19	3 S 05
22	F	6 02 30	1 01 44	23 26	26 08 57	5 07	5 20	7 46	2 ♏ 34 33	7 29
23	S	6 06 26	1 58 58	23 25	8 ♏ 56 21	5 11	9 33	7 43	15 14 39	11 29
24	Su	6 10 23	2 56 11	23 24	21 29 41	5 01	13 17	7 40	27 41 41	14 55
25	M	6 14 19	3 53 24	23 23	3 ✗ 50 55	4 37	16 37	7 36	9 ✗ 57 33	17 39
26	T	6 18 16	4 50 37	23 21	16 01 50	4 00	18 43	7 33	22 03 58	19 35
27	W	6 22 12	5 47 49	23 18	28 04 10	3 13	20 12	7 30	4 ♑ 02 38	20 36
28	Th	6 26 09	6 45 01	23 16	9 ♑ 59 37	2 18	20 46	7 27	15 55 20	20 42
29	F	6 30 06	7 42 13	23 13	21 50 05	1 17	20 24	7 24	27 44 07	19 52
30	S	6 34 02	8 ♋ 39 24	23 N09	3 ≈ 37 46	0 N13	19 S 08	7 ♌ 21	9 ≈ 31 23	18 S 11

D		Mercury			Venus				Mars				Jupiter	
M	Lat.		Dec.		Lat.	Dec.			Lat.		Dec.		Lat.	Dec.

	° ′	° ′	° ′	° ′	° ′	° ′	° ′	° ′	° ′	° ′	° ′	° ′	° ′	° ′
1	0 S 03	21 N08	21 N 41		1 N 54	24 N26	24 N19		2 S 55	21 S 43	21 S 42		1 N 13	15 S 20
3	0 N18	22 12	22 41		1 56	24 10	24 02		3 02	21 42	21 42		1 13	15 16
5	0 39	23 07	23 31		1 58	23 52	23 42		3 10	21 42	21 42		1 12	15 13
7	0 57	23 53	24 12		1 59	23 31	23 20		3 18	21 43	21 43		1 12	15 11
9	1 14	24 29	24 42		2 00	23 08	22 55		3 26	21 44	21 45		1 11	15 08
11	1 29	24 53	25 01		2 01	22 42	22 28		3 34	21 46	21 47		1 11	15 05
13	1 41	25 06	25 09		2 01	22 13	21 58		3 43	21 49	21 50		1 10	15 03
15	1 50	25 09	25 06		2 01	21 43	21 26		3 51	21 52	21 54		1 10	15 01
17	1 56	25 01	24 53		2 01	21 10	20 52		4 00	21 57	21 59		1 10	14 58
19	1 58	24 44	24 32		2 00	20 35	20 16		4 09	22 02	22 05		1 09	14 57
21	1 59	24 18	24 02		1 59	19 58	19 38		4 18	22 08	22 11		1 09	14 55
23	1 56	23 45	23 26		1 57	19 18	18 58		4 27	22 15	22 19		1 08	14 54
25	1 50	23 06	22 44		1 55	18 37	18 16		4 36	22 22	22 27		1 08	14 52
27	1 42	22 21	21 57		1 53	17 55	17 33		4 45	22 31	22 35		1 07	14 51
29	1 31	21 33	21 N 07		1 50	17 10	16 N47		4 54	22 40	22 S 45		1 07	14 50
31	1 N18	20 N40			1 N 46	16 N24			5 S 02	22 S 50			1 N 06	14 S 50

FULL MOON–June28,04h.53m. (6°♑28′)

D M	☿ Long.	♀ Long.	♂ Long.	♃ Long.	♄ Long.	♅ Long.	♆ Long.	♇ Long.	☉	☿	♀	♂	♃	♄	♅	♆	♇
	° ′	° ′	° ′	° ′	° ′	° ′	° ′	° ′									
1	5♊20	15♋25	5♒30	15♏33	7♑40	0♉51	16♓25	20♑55			☍		✱	☌		✱	
2	7 29	16 36	5 46	15R 26	7R 36	0 54	16 25	20R 54	⚼	⚼					□		☌
3	9 40	17 46	6 02	15 20	7 33	0 56	16 26	20 53		△		☌		⚺		∠	
4	11 51	18 57	6 17	15 14	7 29	0 59	16 26	20 52	△				□	∠		⚺	⚺
5	14 03	20 08	6 32	15 08	7 25	1 02	16 27	20 51			⚼				✱		∠
6	16 15	21 19	6 46	15 03	7 21	1 05	16 27	20 50	□	□		⚺	△	✱	∠	☌	
7	18 27	22 29	7 00	14 57	7 17	1 07	16 27	20 49			△	∠	⚼		⚺		✱
8	20 39	23 40	7 13	14 52	7 13	1 10	16 28	20 48				✱		□			
9	22 50	24 50	7 25	14 46	7 09	1 12	16 28	20 46	✱	✱	□					⚺	□
10	25 01	26 00	7 37	14 41	7 05	1 15	16 28	20 45	∠	∠		□		△	☌	∠	
11	27 10	27 11	7 48	14 36	7 01	1 18	16 29	20 44	⚺				☍	⚼		✱	△
12	29♊18	28 21	7 58	14 31	6 57	1 20	16 29	20 43		⚺	✱	△			⚺		⚼
13	1♋24	29♋31	8 08	14 26	6 52	1 22	16 29	20 42	☌		∠	⚼			∠	□	
14	3 29	0♌41	8 17	14 22	6 48	1 25	16 29	20 40		☌	⚺		⚼	☍	✱		
15	5 32	1 51	8 26	14 17	6 44	1 27	16 29	20 39	⚺				△			△	☍
16	7 33	3 01	8 34	14 13	6 40	1 30	16 29	20 38		⚺	☌	☍			□	⚼	
17	9 32	4 11	8 41	14 09	6 35	1 32	16 30	20 37	∠				□	⚼			
18	11 29	5 20	8 47	14 05	6 31	1 34	16 30	20 35	✱	∠	⚺			△	△		⚼
19	13 23	6 30	8 53	14 01	6 27	1 37	16R 30	20 34		✱	∠		✱		⚼	☍	△
20	15 16	7 40	8 58	13 57	6 22	1 39	16 30	20 33	□			⚼	∠	□			
21	17 06	8 49	9 02	13 54	6 18	1 41	16 29	20 31		□	✱	△	⚺				
22	18 54	9 58	9 06	13 50	6 14	1 43	16 29	20 30	△						☍	⚼	□
23	20 40	11 08	9 09	13 47	6 09	1 45	16 29	20 28			□	□	☌	✱			
24	22 23	12 17	9 11	13 44	6 05	1 47	16 29	20 27	⚼	△				∠		△	✱
25	24 04	13 26	9 12	13 42	6 00	1 49	16 29	20 26		⚼		✱		⚺			∠
26	25 43	14 35	9 13	13 39	5 56	1 51	16 29	20 24			△		⚺		⚼	□	⚺
27	27 20	15 43	9R 13	13 36	5 52	1 53	16 28	20 23			⚼	∠	∠		△		
28	28♋54	16 52	9 12	13 34	5 47	1 55	16 28	20 22	☍			⚺	✱	☌			
29	0♌25	18 01	9 10	13 32	5 43	1 57	16 28	20 20								✱	☌
30	1♌55	19♌09	9♒08	13♏30	5♑38	1♉59	16♓27	20♑19		☍		☌		⚺	□	∠	

D M	Saturn Lat.	Saturn Dec.	Uranus Lat.	Uranus Dec.	Neptune Lat.	Neptune Dec.	Pluto Lat.	Pluto Dec.
	° ′	° ′	° ′	° ′	° ′	° ′	° ′	° ′
1	0N53	22S20	0S32	11N16	0S57	6S14	0N14	21S35
3	0 53	22 21	0 32	11 18	0 57	6 14	0 14	21 35
5	0 53	22 21	0 32	11 20	0 57	6 14	0 14	21 36
7	0 52	22 22	0 32	11 22	0 57	6 13	0 13	21 36
9	0 52	22 22	0 32	11 24	0 57	6 13	0 13	21 37
11	0 52	22 23	0 32	11 26	0 57	6 13	0 13	21 37
13	0 52	22 23	0 32	11 27	0 57	6 13	0 13	21 38
15	0 52	22 24	0 32	11 29	0 57	6 13	0 13	21 38
17	0 52	22 24	0 32	11 30	0 58	6 13	0 12	21 39
19	0 52	22 25	0 32	11 32	0 58	6 13	0 12	21 40
21	0 52	22 26	0 32	11 33	0 58	6 13	0 12	21 40
23	0 51	22 26	0 32	11 35	0 58	6 13	0 12	21 41
25	0 51	22 27	0 32	11 36	0 58	6 13	0 12	21 41
27	0 51	22 27	0 32	11 38	0 58	6 14	0 12	21 42
29	0 51	22 28	0 32	11 39	0 58	6 14	0 11	21 43
31	0N51	22S28	0S32	11N40	0S58	6S14	0N11	21S43

Mutual Aspects

1 ☿△♂. ☿⚼♇. ♀△♃.
2 ☿▽♄. ☿⊥♅. ♀△♆. ☿#♂. ☿#♇.
3 ☉‖☿. ☉#♄. ☿#♄.
5 ☉▽♃. ☉±♇. ☿⊥♀. ☿▽♃. ☿±♇.
6 ☉☌☿. ☉∠♅. ☿∠♅. ☿□♆. ♀☍♇.
☿‖♀.
7 ☉□♆.
8 ☉⊥♀. ☿±♃. ☿▽♇. ♂⚺♄.
9 ☿⚼♂. 10 ☉‖♀.
11 ☉±♃. ☉▽♇. ☿⚺♀.
12 ☿⚼♃. ♀#♄.
13 ☿±♂. ☿✱♅.
14 ☉⚼♂. ♀#♂.
15 ♀□♅. ♀⚼♆. ♀#♇.
16 ☿☍♄. ♅∠♆.
17 ☿▽♂. 18 ♆Stat.
19 ☿△♃. ☿Q♅. ♀▽♄.
20 ☉⚼♃.
21 ☿△♆. ♀☍♂.
22 ♀±♆.
23 ☉✱♅. ☿☍♇.
24 ☉±♂. ♀±♄. ☉‖☿.
25 ♀□♃.
26 ♂‖♄. ♂Stat.
27 ☉☍♄. ☿#♂. ☿#♄.
28 ♀▽♆. 29 ☿#♇.
30 ☉▽♂. ☿□♅. ☿⚼♆.

LAST QUARTER–June 6,18h.32m. (16°♓00′)

| 14 | | | | | JULY | 2018 | | | | [RAPHAEL'S |

D	D	Sidereal	☉	☉	☽	☽	☽	☽	☽	24h.	
M	W	Time	Long.	Dec.	Long.	Lat.	Dec.	Node	☽ Long.	☽ Dec.	

		h m s	° ′ ″	° ′	° ′ ″	° ′	° ′	° ′	° ′	° ′
1 Su	6 37 59	9♋36 36	23 N05	15≈25 19	0 S 52	17 S 02	7 ♋ 17	21 ≈ 20 00	15 S 42
2 M	6 41 55	10 33 48	23 01	27 15 53	1 55	14 13	7 14	3 ⅄ 13 24	12 34
3 T	6 45 52	11 30 59	22 56	9 ⅄ 13 04	2 53	10 47	7 11	15 15 25	8 53
4 W	6 49 48	12 28 11	22 51	21 20 58	3 45	6 52	7 08	27 30 17	4 46
5 Th	6 53 45	13 25 23	22 45	3 ⅄ 43 55	4 27	2 S 36	7 05	10 ⅄ 02 23	0 S 23
6 F	6 57 41	14 22 35	22 40	16 26 14	4 58	1 N53	7 01	22 55 54	4 N09
7 S	7 01 38	15 19 48	22 33	29 31 49	5 14	6 24	6 58	6 ♉ 14 19	8 37
8 Su	7 05 35	16 17 00	22 27	13 ♉ 03 36	5 14	10 46	6 55	19 59 46	12 49
9 M	7 09 31	17 14 14	22 19	27 02 47	4 55	14 42	6 52	4 ♊ 12 24	16 25
10 T	7 13 28	18 11 28	22 12	11 ♊ 28 16	4 18	17 54	6 49	18 49 46	19 07
11 W	7 17 24	19 08 42	22 04	26 16 10	3 22	20 01	6 46	3 ♋ 46 33	20 34
12 Th	7 21 21	20 05 56	21 56	11 ♋ 19 52	2 12	20 46	6 42	18 55 00	20 34
13 F	7 25 17	21 03 11	21 47	26 30 44	0 S 52	20 00	6 39	4 ♌ 05 51	19 04
14 S	7 29 14	22 00 26	21 38	11 ♌ 39 13	0 N32	17 48	6 36	19 09 43	16 14
15 Su	7 33 10	22 57 41	21 29	26 36 23	1 52	14 24	6 33	3 ♍ 58 25	12 22
16 M	7 37 07	23 54 57	21 19	11 ♍ 15 07	3 04	10 11	6 30	18 26 00	7 52
17 T	7 41 04	24 52 12	21 09	25 30 44	4 02	5 29	6 27	2 ♎ 29 08	3 N04
18 W	7 45 00	25 49 27	20 59	9 ♎ 21 10	4 44	0 N39	6 23	16 06 55	1 S 44
19 Th	7 48 57	26 46 43	20 48	22 46 34	5 09	4 S 04	6 20	29 20 23	6 19
20 F	7 52 53	27 43 58	20 37	5 ♏ 48 43	5 17	8 28	6 17	12 ♏ 11 58	10 29
21 S	7 56 50	28 41 14	20 25	18 30 30	5 10	12 22	6 14	24 44 48	14 05
22 Su	8 00 46	29♋38 31	20 13	0 ♐ 55 16	4 48	15 38	6 11	7 ♐ 02 21	17 01
23 M	8 04 43	0 ♌35 47	20 01	13 06 29	4 13	18 11	6 07	19 08 04	19 09
24 T	8 08 39	1 33 04	19 49	25 07 31	3 28	19 53	6 04	1 ♑ 05 11	20 24
25 W	8 12 36	2 30 22	19 36	7 ♑01 27	2 34	20 41	6 01	12 56 38	20 45
26 Th	8 16 33	3 27 40	19 23	18 51 05	1 33	20 34	5 58	24 45 04	20 10
27 F	8 20 29	4 24 58	19 09	0 ≈38 55	0 N29	19 32	5 55	6 ≈ 32 55	18 42
28 S	8 24 26	5 22 17	18 55	12 27 20	0 S 36	17 39	5 52	18 22 28	16 25
29 Su	8 28 22	6 19 37	18 41	24 18 36	1 41	15 00	5 48	0 ⅄ 16 02	13 26
30 M	8 32 19	7 16 58	18 27	6 ⅄15 03	2 41	11 43	5 45	12 16 00	9 52
31 T	8 36 15	8 ♌14 20	18 N12	18 ⅄ 19 12	3 S 35	7 S 55	5 ♋ 42	24 ⅄ 25 00	5 S 52

D	Mercury		Venus		Mars		Jupiter	
M	Lat.	Dec.	Lat.	Dec.	Lat.	Dec.	Lat.	Dec.

	° ′	° ′ ° ′	° ′	° ′ ° ′	° ′	° ′ ° ′	° ′	° ′
1	1 N18	20 N40 20 N 13	1 N 46	16 N24 16 N01	5 S 02	22 S 50 22 S 56	1 N 06	14 S 50
3	1 03	19 45 19 17	1 43	15 37 15 12	5 11	23 01 23 07	1 06	14 49
5	0 46	18 48 18 20	1 39	14 48 14 23	5 20	23 12 23 18	1 05	14 49
7	0 27	17 50 17 21	1 34	13 57 13 32	5 28	23 24 23 31	1 04	14 49
9	0 N06	16 52 16 23	1 29	13 06 12 40	5 36	23 37 23 43	1 04	14 50
11	0 S17	15 55 15 26	1 24	12 13 11 47	5 44	23 50 23 56	1 03	14 50
13	0 41	14 58 14 30	1 18	11 20 10 52	5 52	24 03 24 10	1 03	14 51
15	1 06	14 04 13 37	1 12	10 25 9 57	5 59	24 16 24 23	1 02	14 52
17	1 32	13 12 12 47	1 05	9 30 9 02	6 05	24 29 24 36	1 02	14 53
19	1 59	12 24 12 02	0 58	8 33 8 05	6 11	24 43 24 49	1 01	14 54
21	2 26	11 41 11 21	0 50	7 36 7 08	6 17	24 56 25 02	1 01	14 56
23	2 54	11 04 10 47	0 42	6 39 6 10	6 21	25 08 25 14	1 00	14 57
25	3 20	10 33 10 20	0 34	5 41 5 12	6 25	25 20 25 26	1 00	14 59
27	3 46	10 10 10 02	0 25	4 43 4 14	6 29	25 31 25 37	0 59	15 02
29	4 08	9 56 9 N 52	0 16	3 44 3 N15	6 31	25 42 25 S 47	0 59	15 04
31	4 S 28	9 N51	0 N 06	2 N45	6 S 33	25 S 52	0 N 58	15 S 06

FULL MOON–July27,20h.20m. (4°♒45′)

EPHEMERIS]				JULY 2018													15
D	☿	♀	♂	♃	♄	♅	♆	♇	Lunar Aspects								
M	Long.	Long.	Long.	Long.	Long.	Long.	Long.	Long.	☉	☿	♀	♂	♃	♄	♅	♆	♇
	° ′	° ′	° ′	° ′	° ′	° ′	° ′	° ′									
1	3♌22	20♌17	9♒05	13♏28	5♑34	2♉00	16♓27	20♑17			☍		□	∠		⚺	⚺
2	4 47	21 25	9R 01	13R 27	5R 30	2 02	16R 27	20R 16	⚼						⚹		
3	6 09	22 34	8 57	13 25	5 25	2 04	16 26	20 14	△			⚺	△	⚹			∠
4	7 29	23 42	8 51	13 24	5 21	2 05	16 26	20 13		⚼		∠			∠	☌	⚹
5	8 46	24 49	8 45	13 23	5 16	2 07	16 25	20 11		△		⚹	⚼	□	⚺		
6	10 00	25 57	8 38	13 22	5 12	2 09	16 25	20 10	□		⚼					⚺	□
7	11 12	27 05	8 31	13 22	5 08	2 10	16 24	20 09			△			△	☌	∠	
8	12 22	28 12	8 22	13 21	5 03	2 12	16 24	20 07	⚹	□		□	☍			⚹	
9	13 28	29♌19	8 13	13 21	4 59	2 13	16 23	20 06	∠		□			⚼	⚺		△
10	14 32	0♍26	8 04	13 21	4 55	2 14	16 22	20 04	⚺	⚹		△			∠	□	⚼
11	15 33	1 34	7 53	13D 21	4 51	2 16	16 22	20 03		∠	⚹	⚼	⚼		⚹		
12	16 31	2 40	7 43	13 21	4 46	2 17	16 21	20 01		⚺	∠		△	☍		△	
13	17 25	3 47	7 31	13 21	4 42	2 18	16 20	20 00	●						□	⚼	☍
14	18 17	4 54	7 19	13 22	4 38	2 19	16 19	19 58		☌	⚺	☍	□				
15	19 05	6 00	7 06	13 23	4 34	2 21	16 19	19 57	⚺					⚼	△		
16	19 49	7 06	6 53	13 24	4 30	2 22	16 18	19 55	∠		☌		⚹	△	⚼	☍	⚼
17	20 30	8 12	6 39	13 25	4 26	2 23	16 17	19 54	⚹	⚺		⚼	∠				△
18	21 07	9 18	6 25	13 26	4 22	2 24	16 16	19 52		∠	⚺	△	⚺	□			
19	21 40	10 24	6 10	13 28	4 18	2 25	16 15	19 51	□	⚹	∠						□
20	22 09	11 30	5 56	13 29	4 14	2 26	16 14	19 50			⚹	□		⚹	☍	⚼	
21	22 33	12 35	5 40	13 31	4 10	2 26	16 13	19 48		□			☌	∠		△	⚹
22	22 54	13 40	5 25	13 33	4 07	2 27	16 12	19 47	△			⚹		⚺			∠
23	23 09	14 45	5 09	13 35	4 03	2 28	16 11	19 45	⚼		□		⚺		⚼	□	
24	23 20	15 50	4 53	13 38	3 59	2 29	16 10	19 44		△		∠	∠				⚺
25	23 26	16 54	4 37	13 40	3 56	2 29	16 09	19 42		⚼		⚺		☌	△		
26	23R 27	17 59	4 21	13 43	3 52	2 30	16 08	19 41			△		⚹			⚹	☌
27	23 23	19 03	4 04	13 46	3 49	2 31	16 07	19 40	●–●		⚼	☌		⚺	□	∠	
28	23 14	20 07	3 48	13 49	3 45	2 31	16 06	19 38					□			⚺	
29	23 00	21 10	3 31	13 52	3 42	2 32	16 05	19 37		☍				∠			⚺
30	22 41	22 14	3 15	13 56	3 39	2 32	16 03	19 35				⚺		⚹	⚹		∠
31	22♌17	23♍17	2♒59	13♏59	3♑35	2♉32	16♓02	19♑34	⚼		☍	∠	△		∠	☌	⚹

D	Saturn		Uranus		Neptune		Pluto	
M	Lat.	Dec.	Lat.	Dec.	Lat.	Dec.	Lat.	Dec.
	° ′	° ′	° ′	° ′	° ′	° ′	° ′	° ′
1	0N51	22S28	0S32	11N40	0S58	6S14	0N11	21S43
3	0 51	22 29	0 32	11 41	0 58	6 15	0 11	21 44
5	0 50	22 29	0 32	11 42	0 58	6 15	0 11	21 44
7	0 50	22 30	0 32	11 43	0 58	6 16	0 11	21 45
9	0 50	22 30	0 32	11 44	0 58	6 16	0 10	21 46
11	0 50	22 31	0 32	11 45	0 58	6 17	0 10	21 46
13	0 50	22 32	0 32	11 46	0 59	6 17	0 10	21 47
15	0 49	22 32	0 32	11 47	0 59	6 18	0 10	21 48
17	0 49	22 33	0 32	11 47	0 59	6 19	0 10	21 48
19	0 49	22 33	0 32	11 48	0 59	6 20	0 09	21 49
21	0 49	22 33	0 32	11 49	0 59	6 20	0 09	21 49
23	0 48	22 34	0 32	11 49	0 59	6 21	0 09	21 50
25	0 48	22 34	0 33	11 50	0 59	6 22	0 09	21 51
27	0 48	22 35	0 33	11 50	0 59	6 23	0 09	21 51
29	0 48	22 35	0 33	11 50	0 59	6 24	0 08	21 52
31	0N47	22S36	0S33	11N50	0S59	6S25	0N08	21S52

Mutual Aspects

1 ♀⚼♄. ♀⚻♇.
2 ☿⚻♄. 3 ☉∥♂.
5 ☉△♃. ☿☍♂. ♀∥♃.
6 ☉Q♅. ☿±♆. ♀±♇.
7 ☿±♄. ☉∥♄.
8 ☉△♆. 9 ☿□♃.
10 ♃Stat.
11 ♀Q♃.
12 ☉☍♇. ☿⚻♆. ♀△♅. ♀∥♅.
13 ☉∥♇. ☿∥♃.
14 ♀△♄. ♀⚼♇.
16 ☿⚼♄. ☿⚻♇. ♀⚻♂.
20 ♀±♂. ♄Q♆.
21 ☿∥♅. 22 ♀⚹♃.
24 ☉⚼♆. ♀☍♆. ♀∥♆.
25 ☉□♅.
26 ☉⚻♄. ♀⚼♅. ☿Stat.
27 ☉☍♂. ♀⚼♂.
28 ♀△♇. ♂⚺♄.
30 ☿⚺♀. 31 ☉∠♀.

LAST QUARTER–July 6,07h.51m. (14°♈13′)

16												AUGUST	2018							[RAPHAEL'S

D	D	Sidereal	☉	☉	☽	☽	☽	☽	24h.	
M	W	Time	Long.	Dec.	Long.	Lat.	Dec.	Node	☽ Long.	☽ Dec.

		h m s	° ′ ″	° ′	° ′ ″	° ′	° ′	° ′	° ′ ″	° ′
1	W	8 40 12	9 ♌ 11 42	17 N57	0 ♈ 33 45	4 S19	3 S45	5 ♌ 39	6 ♈ 45 51	1 S 34
2	Th	8 44 08	10 09 06	17 42	13 01 40	4 53	0 N39	5 36	19 21 35	2 N52
3	F	8 48 05	11 06 31	17 26	25 46 00	5 13	5 06	5 32	2 ♉ 15 16	7 17
4	S	8 52 01	12 03 57	17 10	8 ♉ 49 45	5 17	9 26	5 29	15 29 44	11 29
5	Su	8 55 58	13 01 24	16 54	22 15 30	5 05	13 25	5 26	29 07 11	15 12
6	M	8 59 55	13 58 53	16 38	6 ♊ 04 54	4 35	16 48	5 23	13 ♊ 08 37	18 11
7	T	9 03 51	14 56 23	16 21	20 18 11	3 47	19 18	5 20	27 33 18	20 08
8	W	9 07 48	15 53 54	16 04	4 ♋ 53 31	2 44	20 37	5 17	12 ♋ 18 14	20 45
9	Th	9 11 44	16 51 27	15 47	19 46 43	1 28	20 31	5 13	27 18 02	19 55
10	F	9 15 41	17 49 00	15 29	4 ♌ 51 13	0 S06	18 57	5 10	12 ♌ 25 08	17 39
11	S	9 19 37	18 46 35	15 12	19 58 38	1 N17	16 02	5 07	27 30 36	14 10
12	Su	9 23 34	19 44 11	14 54	4 ♍ 59 54	2 34	12 04	5 04	12 ♍ 25 30	9 48
13	M	9 27 30	20 41 48	14 35	19 46 28	3 40	7 25	5 01	27 02 02	4 N57
14	T	9 31 27	21 39 26	14 17	4 ♎ 11 35	4 30	2 N27	4 58	11 ♎ 14 41	0 S02
15	W	9 35 24	22 37 05	13 58	18 11 03	5 02	2 S 29	4 54	25 00 35	4 51
16	Th	9 39 20	23 34 45	13 39	1 ♏ 43 20	5 15	7 08	4 51	8 ♏ 19 29	9 17
17	F	9 43 17	24 32 26	13 20	14 49 19	5 12	11 18	4 48	21 13 13	13 09
18	S	9 47 13	25 30 08	13 01	27 31 39	4 54	14 50	4 45	3 ♐ 45 08	16 19
19	Su	9 51 10	26 27 51	12 42	9 ♐ 54 11	4 22	17 37	4 42	15 59 23	18 41
20	M	9 55 06	27 25 36	12 22	22 01 19	3 39	19 33	4 38	28 00 33	20 11
21	T	9 59 03	28 23 21	12 02	3 ♑ 57 37	2 47	20 36	4 35	9 ♑ 53 05	20 46
22	W	10 02 59	29 ♌ 21 08	11 42	15 47 27	1 48	20 42	4 32	21 41 13	20 25
23	Th	10 06 56	0 ♍ 18 56	11 22	27 34 49	0 N45	19 54	4 29	3 ♒ 28 41	19 10
24	F	10 10 53	1 16 45	11 01	9 ♒ 23 12	0 S19	18 13	4 26	15 18 43	17 04
25	S	10 14 49	2 14 35	10 40	21 15 32	1 24	15 44	4 23	27 13 57	14 14
26	Su	10 18 46	3 12 27	10 20	3 ♓ 14 13	2 25	12 34	4 19	9 ♓ 16 34	10 46
27	M	10 22 42	4 10 20	9 59	15 21 11	3 20	8 51	4 16	21 28 16	6 49
28	T	10 26 39	5 08 15	9 38	27 37 59	4 07	4 43	4 13	3 ♈ 50 29	2 S 33
29	W	10 30 35	6 06 12	9 16	10 ♈ 05 56	4 42	0 S20	4 10	16 24 29	1 N54
30	Th	10 34 32	7 04 10	8 55	22 46 17	5 05	4 N08	4 07	29 11 29	6 20
31	F	10 38 28	8 ♍ 02 10	8 N33	5 ♉ 40 17	5 S12	8 N30	4 ♌ 04	12 ♉ 12 48	10 N34

D	Mercury		Venus		Mars		Jupiter	
M	Lat.	Dec.	Lat.	Dec.	Lat.	Dec.	Lat.	Dec.

	° ′	° ′	° ′	° ′	° ′	° ′	° ′	° ′
1	4 S36	9 N53	0 N01	2 N16	6 S 34	25 S 56	0 N 58	15 S 08
3	4 48	10 03	0 S 09	1 17	6 35	26 04	0 58	15 11
5	4 55	10 23	0 20	0 N18	6 35	26 12	0 57	15 14
7	4 54	10 51	0 31	0 S41	6 34	26 18	0 57	15 17
9	4 46	11 27	0 42	1 40	6 33	26 22	0 56	15 20
11	4 31	12 07	0 54	2 39	6 31	26 26	0 56	15 24
13	4 09	12 50	1 06	3 37	6 28	26 29	0 55	15 27
15	3 41	13 33	1 19	4 35	6 25	26 30	0 55	15 31
17	3 10	14 14	1 31	5 32	6 21	26 30	0 54	15 35
19	2 36	14 49	1 45	6 29	6 16	26 29	0 54	15 39
21	2 00	15 18	1 58	7 25	6 11	26 26	0 53	15 44
23	1 25	15 38	2 12	8 21	6 06	26 23	0 53	15 48
25	0 51	15 48	2 26	9 15	6 00	26 18	0 52	15 53
27	0 S 18	15 47	2 40	10 09	5 54	26 13	0 52	15 57
29	0 N11	15 33	2 54	11 02	5 48	26 06	0 52	16 02
31	0 N37	15 N07	3 S 09	11 S 54	5 S 42	25 S 59	0 N 51	16 S 07

Venus Dec. second column: 1 N46 / 0 N47 / 0 S 12 / 1 11 / 2 09 / 3 08 / 4 06 / 5 04 / 6 01 / 6 57 / 7 53 / 8 48 / 9 42 / 10 36 / 11 S 28

Mars Dec. second column: 26 S 00 / 26 08 / 26 15 / 26 20 / 26 24 / 26 27 / 26 29 / 26 30 / 26 28 / 26 25 / 26 21 / 26 16 / 26 10 / 26 S 03

FULL MOON–Aug.26,11h.56m. (3°♓12′)

D M	☿ Long.	♀ Long.	♂ Long.	♃ Long.	♄ Long.	♅ Long.	♆ Long.	♇ Long.	☉	☿	♀	♂	♃	♄	♅	♆	♇
	° ′	° ′	° ′	° ′	° ′	° ′	° ′	° ′									
1	21♌48	24♍20	2♒43	14♏03	3♑32	2♉33	16♓01	19♑33		⚼		✱	⚼	□	⊻		
2	21R 16	25 23	2R 27	14 07	3R 29	2 33	16R 00	19R 31	△							⊻	
3	20 39	26 25	2 11	14 11	3 26	2 33	15 58	19 30		△		□				∠	□
4	19 58	27 27	1 56	14 15	3 23	2 33	15 57	19 29	□		⚼		☍	△	☌		
5	19 15	28 29	1 40	14 20	3 20	2 34	15 56	19 27		□	△			⚼		✱	△
6	18 30	29♍31	1 26	14 24	3 17	2 34	15 55	19 26				△			⊻		⚼
7	17 43	0♎32	1 11	14 29	3 15	2 34	15 53	19 25	✱	✱		⚼			∠	□	
8	16 56	1 33	0 57	14 34	3 12	2R 34	15 52	19 23	∠	∠	□		⚼	☍	✱		
9	16 08	2 34	0 44	14 39	3 09	2 34	15 50	19 22	⊻	⊻			△			△	☍
10	15 22	3 34	0 31	14 44	3 07	2 33	15 49	19 21			✱	☍			□	⚼	
11	14 38	4 34	0 19	14 49	3 04	2 33	15 48	19 20	●	☌	∠		□	⚼			
12	13 57	5 34	0♒07	14 55	3 02	2 33	15 46	19 18			⊻			△	△		⚼
13	13 20	6 33	29♑56	15 00	3 00	2 33	15 45	19 17	⊻	⊻		⚼	✱		⚼	☍	△
14	12 47	7 32	29 45	15 06	2 58	2 33	15 43	19 16	∠	∠	☌	△	∠	□			
15	12 19	8 31	29 35	15 12	2 55	2 32	15 42	19 15	✱	✱			⊻				□
16	11 57	9 29	29 26	15 18	2 53	2 32	15 40	19 14				□		✱	☍	⚼	
17	11 42	10 27	29 18	15 24	2 52	2 31	15 39	19 13		□	⊻		☌	∠		△	✱
18	11 34	11 24	29 10	15 31	2 50	2 31	15 37	19 11	□		∠	✱		⊻			
19	11D 32	12 21	29 03	15 37	2 48	2 30	15 36	19 10		△	✱	∠	⊻			□	∠
20	11 38	13 18	28 57	15 44	2 46	2 30	15 34	19 09	△	⚼					⚼		⊻
21	11 52	14 14	28 52	15 51	2 45	2 29	15 33	19 08				⊻	∠	☌	△		
22	12 13	15 09	28 47	15 58	2 43	2 28	15 31	19 07	⚼		□		✱			✱	☌
23	12 42	16 05	28 43	16 05	2 42	2 28	15 30	19 06				☌		⊻	□	∠	
24	13 19	16 59	28 40	16 12	2 41	2 27	15 28	19 05		☍							
25	14 03	17 53	28 38	16 19	2 39	2 26	15 26	19 04			△		□	∠		⊻	⊻
26	14 54	18 47	28 37	16 27	2 38	2 25	15 25	19 03	☍		⚼	⊻		✱	✱		∠
27	15 53	19 39	28 37	16 34	2 37	2 24	15 23	19 02				∠	△		∠	☌	✱
28	16 58	20 32	28D 37	16 42	2 36	2 23	15 22	19 01		⚼		✱	⚼	□	⊻		
29	18 10	21 23	28 38	16 50	2 36	2 22	15 20	19 00								⊻	
30	19 27	22 15	28 40	16 58	2 35	2 21	15 18	19 00	⚼	△	☍	□					□
31	20♌51	23♎05	28♑43	17♏06	2♑34	2♉20	15♓17	18♑59	△					△	☌	∠	

D M	Saturn Lat.	Saturn Dec.	Uranus Lat.	Uranus Dec.	Neptune Lat.	Neptune Dec.	Pluto Lat.	Pluto Dec.
	° ′	° ′	° ′	° ′	° ′	° ′	° ′	° ′
1	0N47	22S36	0S33	11N51	0S59	6S25	0N08	21S53
3	0 47	22 36	0 33	11 51	0 59	6 27	0 08	21 53
5	0 47	22 37	0 33	11 51	0 59	6 28	0 08	21 54
7	0 47	22 37	0 33	11 51	0 59	6 29	0 08	21 54
9	0 46	22 38	0 33	11 51	0 59	6 30	0 07	21 55
11	0 46	22 38	0 33	11 51	0 59	6 31	0 07	21 56
13	0 46	22 38	0 33	11 50	1 00	6 32	0 07	21 56
15	0 45	22 39	0 33	11 50	1 00	6 33	0 07	21 57
17	0 45	22 39	0 33	11 50	1 00	6 34	0 07	21 57
19	0 45	22 40	0 33	11 49	1 00	6 36	0 06	21 58
21	0 45	22 40	0 33	11 49	1 00	6 37	0 06	21 58
23	0 44	22 40	0 33	11 48	1 00	6 38	0 06	21 59
25	0 44	22 41	0 33	11 48	1 00	6 39	0 06	21 59
27	0 44	22 41	0 33	11 47	1 00	6 41	0 06	22 00
29	0 43	22 41	0 33	11 46	1 00	6 42	0 05	22 00
31	0N43	22S42	0S33	11N46	1S00	6S43	0N05	22S00

Mutual Aspects

1 ☉±♄.
2 ☉±♆. ♂□♅.
3 ☿⊥♀. ♀±♅.
5 ☿∇♇.
6 ☉□♃. ☿⚼♄. ♀∠♃.
7 ♅Stat.
8 ☉∇♆. ☿∠♀. ♀△♂. ♂∠♆.
9 ☉☌☿. ☿∇♆. ♀∇♅.
10 ☉⚼♄. ♀□♄. ☉#♃. ☿∥♅.
11 ☿□♃. 12 ☉∇♇.
16 ♀⊥♃. ☉∥☿.
18 ☉±♇. ☿✱♀.
19 ♃△♆. ♀∥♆. ☿Stat.
21 ☉∇♂.
22 ♀∇♆. ☉∥♅.
23 ♀⊻♃.
25 ☉△♄. ☉△♅.
26 ♀□♇.
27 ☉±♂. ☉Q♃. ☉⚼♇. ☿∇♆. ♂Q♃.
☉#♀. ♂Stat.
28 ☿□♃. ♀Q♄.
29 ☿⚼♄. ♀±♆.
30 ☿∇♇.
31 ☉∠♀. ♀#♅.

LAST QUARTER–Aug. 4,18h.18m. (12°♉19′)

NEW MOON–Sep. 9,18h.01m. (17°♍00′)

18					SEPTEMBER		2018		[RAPHAEL'S	
D M	D W	Sidereal Time	☉ Long.	☉ Dec.	☽ Long.	☽ Lat.	☽ Dec.	☽ Node	24h. ☽ Long.	☽ Dec.
		h m s	° ′ ″	° ′	° ′ ″	° ′	° ′	° ′	° ′ ″	° ′
1	S	10 42 25	9♍00 12	8 N12	18 ♉ 49 15	5 S 04	12 N33	4 ♌ 00	25 ♉ 29 46	14 N23
2	Su	10 46 22	9 58 16	7 50	2 ♊ 14 31	4 39	16 03	3 57	9 ♊ 03 38	17 31
3	M	10 50 18	10 56 22	7 28	15 57 13	3 57	18 46	3 54	22 55 19	19 44
4	T	10 54 15	11 54 30	7 06	29 57 56	3 01	20 25	3 51	7 ♋ 04 59	20 47
5	W	10 58 11	12 52 40	6 43	14 ♋ 16 15	1 53	20 48	3 48	21 31 27	20 29
6	Th	11 02 08	13 50 52	6 21	28 50 11	0 S 36	19 48	3 44	6 ♌ 11 54	18 47
7	F	11 06 04	14 49 06	5 59	13 ♌ 35 55	0 N45	17 27	3 41	21 01 28	15 49
8	S	11 10 01	15 47 21	5 36	28 27 38	2 02	13 55	3 38	5 ♍ 53 28	11 48
9	Su	11 13 57	16 45 39	5 14	13♍17 58	3 11	9 30	3 35	20 40 07	7 05
10	M	11 17 54	17 43 58	4 51	27 58 56	4 07	4 N34	3 32	5 ♎ 13 33	2 N02
11	T	11 21 51	18 42 19	4 28	12 ♎ 23 09	4 45	0 S 31	3 29	19 27 06	3 S 01
12	W	11 25 47	19 40 42	4 05	26 24 55	5 06	5 26	3 25	3 ♏ 16 16	7 45
13	Th	11 29 44	20 39 06	3 42	10 ♏ 00 59	5 08	9 57	3 22	16 39 05	11 58
14	F	11 33 40	21 37 32	3 19	23 10 42	4 53	13 50	3 19	29 36 07	15 58
15	S	11 37 37	22 36 00	2 56	5 ♐ 55 42	4 25	16 57	3 16	12 ♐ 09 57	18 11
16	Su	11 41 33	23 34 30	2 33	18 19 24	3 44	19 12	3 13	24 24 39	19 59
17	M	11 45 30	24 33 01	2 10	0 ♑ 26 20	2 54	20 32	3 10	6 ♑ 25 06	20 50
18	T	11 49 26	25 31 33	1 47	12 21 37	1 58	20 54	3 06	18 16 32	20 44
19	W	11 53 23	26 30 08	1 23	24 10 30	0 N57	20 21	3 03	0 ≈ 04 08	19 43
20	Th	11 57 20	27 28 44	1 00	5 ≈ 58 01	0 S 07	18 53	3 00	11 52 43	17 50
21	F	12 01 16	28 27 21	0 37	17 48 44	1 10	16 36	2 57	23 46 32	15 10
22	S	12 05 13	29♍26 01	0 N14	29 46 32	2 10	13 35	2 54	5 ♓ 49 03	11 50
23	Su	12 09 09	0 ♎ 24 42	0 S 10	11 ♓ 54 31	3 06	9 57	2 50	18 02 51	7 57
24	M	12 13 06	1 23 25	0 33	24 14 31	3 53	5 51	2 47	0 ♈ 29 32	3 S 41
25	T	12 17 02	2 22 10	0 57	6 ♈ 47 56	4 30	1 S 26	2 44	13 09 45	0 N50
26	W	12 20 59	3 20 57	1 20	19 34 57	4 55	3 N07	2 41	26 03 26	5 23
27	Th	12 24 55	4 19 46	1 43	2 ♉ 35 08	5 04	7 36	2 38	9 ♉ 09 55	9 45
28	F	12 28 52	5 18 37	2 07	15 47 41	4 58	11 49	2 35	22 28 19	13 44
29	S	12 32 49	6 17 31	2 30	29 11 43	4 35	15 30	2 31	5 ♊ 57 49	17 04
30	Su	12 36 45	7♎16 27	2 S 53	12 ♊ 46 34	3 S 56	18 N25	2 ♌ 28	19 ♊ 37 54	19 N31

D M	Mercury Lat.	Mercury Dec.		Venus Lat.	Venus Dec.		Mars Lat.	Mars Dec.		Jupiter Lat.	Jupiter Dec.
	° ′	° ′	° ′	° ′	° ′	° ′	° ′	° ′	° ′	° ′	° ′
1	0 N48	14 N50	14 N 29	3 S 16	12 S 19	12 S 44	5 S 38	25 S 55	25 S 51	0 N 51	16 S 10
3	1 08	14 05	13 39	3 31	13 09	13 33	5 32	25 46	25 42	0 51	16 15
5	1 24	13 09	13 38	3 46	13 57	14 21	5 25	25 37	25 32	0 50	16 20
7	1 35	12 03	11 27	4 02	14 44	15 07	5 17	25 27	25 21	0 50	16 25
9	1 43	10 49	10 09	4 17	15 30	15 52	5 10	25 15	25 10	0 49	16 31
11	1 47	9 28	8 45	4 32	16 14	16 35	5 03	25 04	24 57	0 49	16 36
13	1 48	8 02	7 17	4 47	16 56	17 16	4 56	24 51	24 44	0 49	16 42
15	1 47	6 31	5 45	5 03	17 36	17 56	4 48	24 38	24 31	0 48	16 47
17	1 42	4 58	4 11	5 18	18 15	18 33	4 41	24 24	24 17	0 48	16 53
19	1 36	3 24	2 37	5 33	18 50	19 08	4 34	24 09	24 02	0 48	16 59
21	1 28	1 49	1 N 02	5 47	19 24	19 40	4 27	23 54	23 46	0 47	17 05
23	1 19	0 N14	0 S 33	6 01	19 55	20 10	4 20	23 38	23 30	0 47	17 10
25	1 08	1 S 20	2 07	6 15	20 23	20 36	4 12	23 21	23 13	0 47	17 16
27	0 56	2 53	3 39	6 28	20 48	21 00	4 05	23 04	22 55	0 46	17 22
29	0 44	4 25	5 S 10	6 41	21 10	21 S 20	3 58	22 46	22 S 37	0 46	17 28
31	0 N31	5 S 55		6 S 52	21 S 28		3 S 51	22 S 28		0 N 46	17 S 34

FIRST QUARTER–Sep.16,23h.15m. (24°♐02′)

D	☿	♀	♂	♃	♄	♅	♆	♇	Lunar Aspects								
M	Long.	Long.	Long.	Long.	Long.	Long.	Long.	Long.	☉	☿	♀	♂	♃	♄	♅	♆	♇
	° ′	° ′	° ′	° ′	° ′	° ′	° ′	° ′									
1	22♌19	23♎55	28♑46	17♏14	2♑34	2♉19	15♓15	18♑58		□			☍	⚼		✶	△
2	23 52	24 44	28 51	17 22	2R 33	2R 18	15R 13	18R 57				△			⚺		⚼
3	25 30	25 32	28 56	17 31	2 33	2 16	15 12	18 56	□		⚼	⚼			∠	□	
4	27 11	26 19	29 02	17 39	2 33	2 15	15 10	18 56		✶	△		⚼	☍	✶		
5	28♌55	27 06	29 09	17 48	2 33	2 14	15 08	18 55	✶	∠			△			△	☍
6	0♍42	27 52	29 16	17 57	2D 33	2 12	15 07	18 54	∠	⚺	□	☍			□	⚼	
7	2 31	28 37	29 24	18 06	2 33	2 11	15 05	18 53	⚺				□	⚼			
8	4 22	29♎21	29 34	18 15	2 33	2 10	15 04	18 53		☌	✶			△	△		⚼
9	6 14	0♏05	29 43	18 24	2 33	2 08	15 02	18 52	☌		∠	⚼	✶		⚼	☍	△
10	8 07	0 47	29♑54	18 33	2 33	2 07	15 00	18 52			⚺	△	∠	□			
11	10 01	1 28	0♒05	18 43	2 34	2 05	14 59	18 51	⚺	⚺			⚺				□
12	11 56	2 09	0 17	18 52	2 34	2 03	14 57	18 50		∠	☌	□		✶	☍	⚼	
13	13 50	2 48	0 30	19 02	2 35	2 02	14 55	18 50	∠	✶						△	
14	15 44	3 26	0 44	19 11	2 36	2 00	14 54	18 49	✶				☌	∠			✶
15	17 38	4 03	0 58	19 21	2 37	1 58	14 52	18 49			⚺	✶		⚺			∠
16	19 32	4 38	1 13	19 31	2 37	1 57	14 50	18 48	□	□	∠	∠	⚺		⚼	□	⚺
17	21 25	5 13	1 28	19 41	2 39	1 55	14 49	18 48			✶	⚺	∠	☌	△		
18	23 17	5 46	1 45	19 51	2 40	1 53	14 47	18 48								✶	
19	25 08	6 18	2 01	20 01	2 41	1 51	14 46	18 47	△	△			✶			∠	☌
20	26 59	6 48	2 19	20 11	2 42	1 49	14 44	18 47			□	☌		⚺	□		
21	28♍49	7 17	2 37	20 22	2 44	1 47	14 42	18 47	⚼	⚼			□	∠		⚺	⚺
22	0♎38	7 44	2 56	20 32	2 45	1 45	14 41	18 46				⚺		✶	✶		∠
23	2 26	8 09	3 15	20 43	2 47	1 44	14 39	18 46			△				∠	☌	
24	4 13	8 33	3 35	20 53	2 48	1 42	14 38	18 46			⚼	∠	△				✶
25	5 59	8 56	3 55	21 04	2 50	1 39	14 36	18 46	☍	☍		✶	⚼	□	⚺		
26	7 44	9 16	4 16	21 15	2 52	1 37	14 34	18 46								⚺	□
27	9 28	9 35	4 38	21 26	2 54	1 35	14 33	18 46				□		△	☌	∠	
28	11 12	9 51	5 00	21 37	2 56	1 33	14 31	18 45	⚼		☍		☍	⚼		✶	△
29	12 54	10 06	5 22	21 48	2 58	1 31	14 30	18 45		⚼		△			⚺		⚼
30	14♎35	10♏19	5♒45	21♏59	3♑01	1♉29	14♓28	18♑45	△	△					∠	□	

D	Saturn		Uranus		Neptune		Pluto	
M	Lat.	Dec.	Lat.	Dec.	Lat.	Dec.	Lat.	Dec.
	° ′	° ′	° ′	° ′	° ′	° ′	° ′	° ′
1	0N43	22S42	0S33	11N45	1S00	6S44	0N05	22S01
3	0 43	22 42	0 33	11 44	1 00	6 45	0 05	22 01
5	0 42	22 42	0 33	11 43	1 00	6 47	0 05	22 01
7	0 42	22 43	0 33	11 42	1 00	6 48	0 04	22 02
9	0 42	22 43	0 33	11 41	1 00	6 49	0 04	22 02
11	0 41	22 43	0 33	11 40	1 00	6 50	0 04	22 03
13	0 41	22 43	0 33	11 39	1 00	6 52	0 04	22 03
15	0 41	22 44	0 33	11 38	1 00	6 53	0 04	22 03
17	0 41	22 44	0 34	11 37	1 00	6 54	0 04	22 04
19	0 40	22 44	0 34	11 36	1 00	6 55	0 03	22 04
21	0 40	22 44	0 34	11 34	1 00	6 57	0 03	22 04
23	0 40	22 45	0 34	11 33	1 00	6 58	0 03	22 04
25	0 39	22 45	0 34	11 31	1 00	6 59	0 03	22 05
27	0 39	22 45	0 34	11 30	1 00	7 00	0 03	22 05
29	0 39	22 45	0 34	11 28	1 00	7 01	0 02	22 05
31	0N39	22S45	0S34	11N27	1S00	7S03	0N02	22S05

Mutual Aspects

3 ☿✶♀. ☿±♇. ♃∠♄.
4 ☿⫲♀.
5 ☿▽♂. ☉⫲♆.
6 ♄ Stat.
7 ☉⚼♂. ☉☍♆. ☿△♄. ☿△♅.
8 ☿⚼♇. ♀□♂. ☿‖♅.
9 ☉⚼♅. ☿±♂. ☿Q♃. ♀⚼♆.
10 ♂∠♆.
11 ☉✶♃. ☉△♇.
12 ♀☍♅. ♃✶♇. ♀‖♃.
13 ♀✶♄.
14 ☿⚼♂. ☿☍♆.
15 ☿⚼♅. ☿⫲♆.
16 ☿∠♀. ☿✶♃. ☿△♇.
18 ☉±♅. ♂□♅.
19 ☿±♅. ♂Q♃.
20 ♀Q♇.
21 ☉☌☿. ♂⚺♄. ♄Q♆.
23 ☿⊥♀. ☿□♄. ☿▽♅. ☉⫲☿.
24 ☉▽♅. ☿△♂. ☉‖☿.
25 ☉□♄. ☿∠♃.
26 ☉⊥♀.
27 ☉△♂. ☿⚺♀.
29 ♂‖♄.
30 ☉∠♃. ☿▽♆.

20						OCTOBER		2018			[RAPHAEL'S

D	D	Sidereal	☉	☉	☽	☽	☽	☽		24h.	
M	W	Time	Long.	Dec.	Long.	Lat.	Dec.	Node	☽ Long.	☽ Dec.

		h m s	° ′ ″	° ′	° ′ ″	° ′	° ′	° ′	° ′	° ′
1	M	12 40 42	8⏃15 25	3 S 16	26 ♊ 31 51	3 S 04	20 N20	2 ♌ 25	3 ♋ 28 22	20 N50
2	T	12 44 38	9 14 25	3 40	10 ♋ 27 27	2 00	21 02	2 22	17 29 04	20 54
3	W	12 48 35	10 13 28	4 03	24 33 10	0 S 48	20 25	2 19	1 ♌ 39 39	19 37
4	Th	12 52 31	11 12 33	4 26	8 ♌ 48 20	0 N28	18 30	2 16	15 58 58	17 05
5	F	12 56 28	12 11 41	4 49	23 11 13	1 43	15 24	2 12	0 ♍ 24 38	13 28
6	S	13 00 24	13 10 50	5 12	7 ♍ 38 42	2 51	11 20	2 09	14 52 46	9 03
7	Su	13 04 21	14 10 02	5 35	22 06 09	3 48	6 37	2 06	29 18 05	4 N07
8	M	13 08 18	15 09 16	5 58	6 ⏃ 27 48	4 30	1 N34	2 03	13 ⏃ 34 32	0 S 59
9	T	13 12 14	16 08 32	6 21	20 37 33	4 55	3 S 30	2 00	27 36 11	5 56
10	W	13 16 11	17 07 50	6 44	4 ♏ 29 53	5 02	8 17	1 56	11 ♏ 18 13	10 29
11	Th	13 20 07	18 07 11	7 06	18 00 52	4 51	12 32	1 53	24 37 40	14 24
12	F	13 24 04	19 06 33	7 29	1 ♐ 08 37	4 25	16 03	1 50	7 ♐ 33 48	17 30
13	S	13 28 00	20 05 57	7 51	13 53 28	3 47	18 43	1 47	20 07 58	19 41
14	Su	13 31 57	21 05 22	8 14	26 17 44	2 58	20 25	1 44	2 ♑ 23 18	20 54
15	M	13 35 53	22 04 50	8 36	8 ♑ 25 14	2 03	21 08	1 41	14 24 11	21 07
16	T	13 39 50	23 04 19	8 58	20 20 48	1 N03	20 52	1 37	26 15 47	20 23
17	W	13 43 47	24 03 50	9 20	2 ♒ 09 51	0 00	19 40	1 34	8 ♒ 03 40	18 45
18	Th	13 47 43	25 03 23	9 42	13 57 57	1 S 02	17 37	1 31	19 53 20	16 18
19	F	13 51 40	26 02 58	10 04	25 50 28	2 02	14 49	1 28	1 ♓ 49 57	13 09
20	S	13 55 36	27 02 34	10 25	7 ♓ 52 18	2 57	11 21	1 25	13 58 01	9 25
21	Su	13 59 33	28 02 12	10 46	20 07 29	3 45	7 21	1 21	26 21 03	5 12
22	M	14 03 29	29⏃01 52	11 08	2 ♈ 38 56	4 23	2 S 58	1 18	9 ♈ 01 17	0 S 41
23	T	14 07 26	0 ♏ 01 34	11 29	15 28 10	4 49	1 N39	1 15	21 59 32	3 N59
24	W	14 11 22	1 01 17	11 50	28 35 14	5 00	6 18	1 12	5 ♉ 15 04	8 34
25	Th	14 15 19	2 01 03	12 10	11 ♉ 58 44	4 55	10 45	1 09	18 45 51	12 49
26	F	14 19 16	3 00 51	12 31	25 36 04	4 33	14 44	1 06	2 ♊ 28 57	16 28
27	S	14 23 12	4 00 41	12 51	9 ♊ 24 05	3 56	17 58	1 02	16 21 05	19 14
28	Su	14 27 09	5 00 33	13 11	23 19 34	3 03	20 13	0 59	0 ♋ 19 14	20 53
29	M	14 31 05	6 00 27	13 31	7 ♋ 19 48	2 00	21 14	0 56	14 21 04	21 15
30	T	14 35 02	7 00 23	13 51	21 22 51	0 S 49	20 56	0 53	28 25 02	20 17
31	W	14 38 58	8 ♏ 00 22	14 S 11	5 ♌ 27 30	0 N26	19 N19	0 ♌ 50	12 ♌ 30 12	18 N03

D	Mercury			Venus			Mars			Jupiter	
M	Lat.	Dec.		Lat.	Dec.		Lat.	Dec.		Lat.	Dec.

	°	° ′	° ′	° ′	° ′	° ′	° ′	° ′	° ′	° ′	° ′
1	0 N31	5 S 55	6 S 40	6 S 52	21 S 28	21 S 36	3 S 51	22 S 28	22 S 19	0 N 46	17 S 34
3	0 17	7 23	8 07	7 02	21 43	21 49	3 45	22 09	21 59	0 45	17 40
5	0 N04	8 49	9 31	7 11	21 53	21 57	3 38	21 50	21 40	0 45	17 46
7	0 S 10	10 13	10 54	7 18	21 59	22 00	3 31	21 29	21 19	0 45	17 53
9	0 24	11 34	12 13	7 23	22 00	21 58	3 25	21 09	20 58	0 44	17 59
11	0 39	12 52	13 30	7 26	21 55	21 51	3 18	20 47	20 36	0 44	18 05
13	0 52	14 07	14 44	7 27	21 45	21 38	3 12	20 25	20 14	0 44	18 11
15	1 06	15 19	15 54	7 25	21 30	21 20	3 06	20 03	19 52	0 44	18 17
17	1 20	16 28	17 02	7 20	21 09	20 56	2 59	19 40	19 28	0 43	18 23
19	1 33	17 34	18 05	7 11	20 42	20 26	2 53	19 16	19 04	0 43	18 29
21	1 45	18 36	19 06	7 00	20 09	19 51	2 47	18 52	18 40	0 43	18 35
23	1 57	19 34	20 02	6 45	19 32	19 11	2 42	18 28	18 15	0 43	18 41
25	2 08	20 28	20 54	6 27	18 50	18 27	2 36	18 02	17 50	0 42	18 47
27	2 18	21 18	21 42	6 05	18 04	17 40	2 30	17 37	17 24	0 42	18 53
29	2 27	22 04	22 S 25	5 41	17 16	16 S 52	2 25	17 11	16 S 57	0 42	18 59
31	2 S 34	22 S 45		5 S 15	16 S 27		2 S 19	16 S 44		0 N 42	19 S 05

FULL MOON–Oct.24,16h.45m. (1°♉13′)

D M	☿ Long.	♀ Long.	♂ Long.	♃ Long.	♄ Long.	♅ Long.	♆ Long.	♇ Long.	Lunar Aspects ☉	☿	♀	♂	♃	♄	♅	♆	♇
	° ′	° ′	° ′	° ′	° ′	° ′	° ′	° ′									
1	16♎16	10♏29	6♒09	22♏10	3♑03	1♉27	14♓27	18♑45			⚼	⚼		☍	⚹		
2	17 56	10 38	6 33	22 21	3 05	1R 25	14R 25	18D 45	□		△		⚼			△	
3	19 35	10 44	6 57	22 33	3 08	1 22	14 24	18 45		□			△		□	⚼	☍
4	21 13	10 48	7 22	22 44	3 11	1 20	14 23	18 46	⚹		□	☍					
5	22 50	10 50	7 47	22 56	3 13	1 18	14 21	18 46	∠	⚹			□	⚼			
6	24 26	10R 50	8 13	23 07	3 16	1 16	14 20	18 46	⚺	∠	⚹			△	△	☍	⚼
7	26 02	10 47	8 39	23 19	3 19	1 13	14 18	18 46		⚺	∠	⚼	⚹		⚼		△
8	27 37	10 42	9 06	23 30	3 22	1 11	14 17	18 46			⚺	△	∠	□			
9	29♎11	10 34	9 33	23 42	3 25	1 09	14 16	18 46	☌				⚺				□
10	0♏44	10 24	10 00	23 54	3 28	1 06	14 14	18 47		☌	☌	□		⚹	☍	⚼	
11	2 17	10 12	10 28	24 06	3 32	1 04	14 13	18 47	⚺				☌	∠		△	⚹
12	3 48	9 57	10 56	24 18	3 35	1 01	14 12	18 47	∠	⚺				⚺			∠
13	5 20	9 40	11 25	24 30	3 38	0 59	14 10	18 48			⚺	⚹			⚼	□	⚺
14	6 50	9 20	11 54	24 42	3 42	0 57	14 09	18 48	⚹	∠	∠	∠	⚺		△		
15	8 20	8 59	12 23	24 54	3 46	0 54	14 08	18 48		⚹	⚹	⚺	∠	☌		⚹	
16	9 49	8 35	12 53	25 06	3 49	0 52	14 07	18 49	□				⚹				☌
17	11 17	8 09	13 23	25 19	3 53	0 49	14 06	18 49			□			⚺	□	∠	
18	12 45	7 41	13 53	25 31	3 57	0 47	14 04	18 50		□		☌		∠		⚺	⚺
19	14 11	7 12	14 24	25 43	4 01	0 44	14 03	18 50	△				□		⚹		
20	15 37	6 40	14 55	25 56	4 05	0 42	14 02	18 51	⚼		△			⚹			∠
21	17 03	6 08	15 26	26 08	4 09	0 40	14 01	18 52		△	⚼	⚺	△		∠	☌	⚹
22	18 27	5 34	15 58	26 21	4 13	0 37	14 00	18 52		⚼		∠		□	⚺		
23	19 51	4 59	16 29	26 33	4 17	0 35	13 59	18 53				⚹	⚼			⚺	□
24	21 14	4 23	17 01	26 46	4 22	0 32	13 58	18 54	☍		☍			△	☌	∠	
25	22 35	3 47	17 34	26 59	4 26	0 30	13 57	18 54				□				⚹	
26	23 56	3 10	18 06	27 11	4 30	0 27	13 56	18 55		☍			☍	⚼	⚺		△
27	25 16	2 33	18 39	27 24	4 35	0 25	13 55	18 56							∠	□	⚼
28	26 35	1 57	19 12	27 37	4 40	0 22	13 54	18 57	⚼		⚼	△					
29	27 52	1 21	19 46	27 50	4 44	0 20	13 53	18 57	△	⚼	△	⚼	⚼	☍	⚹	△	
30	29♏08	0 45	20 19	28 02	4 49	0 18	13 53	18 58					△				☍
31	0♐23	0♏11	20♒53	28♏15	4♑54	0♉15	13♓52	18♑59	□	△	□				□	⚼	

D M	Saturn Lat.	Saturn Dec.	Uranus Lat.	Uranus Dec.	Neptune Lat.	Neptune Dec.	Pluto Lat.	Pluto Dec.
	° ′	° ′	° ′	° ′	° ′	° ′	° ′	° ′
1	0N39	22S45	0S34	11N27	1S00	7S03	0N02	22S05
3	0 38	22 46	0 34	11 25	1 00	7 04	0 02	22 05
5	0 38	22 46	0 34	11 24	1 00	7 05	0 02	22 06
7	0 38	22 46	0 34	11 22	1 00	7 06	0 02	22 06
9	0 38	22 46	0 34	11 21	1 00	7 07	0 01	22 06
11	0 37	22 46	0 34	11 19	1 00	7 08	0 01	22 06
13	0 37	22 46	0 34	11 17	1 00	7 09	0 01	22 06
15	0 37	22 46	0 34	11 16	1 00	7 10	0 01	22 06
17	0 36	22 46	0 34	11 14	1 00	7 11	0N01	22 06
19	0 36	22 46	0 34	11 12	1 00	7 12	0 00	22 06
21	0 36	22 46	0 34	11 11	1 00	7 12	0 00	22 06
23	0 36	22 46	0 34	11 09	1 00	7 13	0 00	22 06
25	0 35	22 46	0 34	11 07	1 00	7 14	0 00	22 06
27	0 35	22 46	0 34	11 05	1 00	7 15	0 00	22 06
29	0 35	22 46	0 34	11 04	1 00	7 15	0 00	22 06
31	0N35	22S46	0S34	11N02	1S00	7S16	0S01	22S06

Mutual Aspects

1 ☿⊥♃. ♇Stat.
3 ☿±♆. ☿□♇. ☿∥♆. ♂∥♇.
4 ☉⚺♀. ☿Q♄.
5 ☿⚺♃. ♀∥♂. ♀Stat.
6 ♂⊥♆.
7 ☉▽♆.
9 ☿⚼♆. ♂⊥♄. ☿#♅.
10 ☿☍♅.
11 ☉⊥♃. ♀□♂. ☉∥♆.
12 ☉□♇. ☿⚹♄.
13 ☉±♆.
14 ☿Q♇.
15 ☉Q♄. ☿☌♀.
18 ♂⚺♆.
19 ☉⚺♃. ☿□♂. ☿△♆.
20 ♀Q♇.
21 ☿∥♂. ☿∥♃.
22 ☉⚼♆. ☿⚹♇. ☉#♅. ♂∥♃.
23 ☿∠♄. ☿∥♀.
24 ☉☍♅. ♀⚹♄.
25 ♀∥♃.
26 ☉☌♀.
27 ♂Q♅.
28 ☉⚹♄. ♂⚺♇.
29 ☿☌♃. ♂∠♄. ☿∥♇. ♀∥♂.
30 ☉Q♇. ☿⊥♄.
31 ☿⚺♀. ☿▽♅. ♀☍♅. ☿∥♄.

LAST QUARTER–Oct. 2,09h.45m. (9°♋09′) & Oct.31,16h.40m. (8°♌12′)

NEW MOON–Nov. 7,16h.02m. (15°♏11′)

22						NOVEMBER		2018		[RAPHAEL'S
D M	D W	Sidereal Time	☉ Long.	☉ Dec.	☽ Long.	☽ Lat.	☽ Dec.	Node	24h. ☽ Long.	☽ Dec.
		h m s	° ′ ″	° ′	° ′ ″	° ′	° ′	° ′	° ′ ″	° ′
1	Th	14 42 55	9♏00 23	14 S 30	19♋33 02	1 N38	16 N31	0♋47	26♋35 54	14 N44
2	F	14 46 51	10 00 26	14 49	3♍38 40	2 45	12 44	0 43	10♍41 09	10 34
3	S	14 50 48	11 00 31	15 08	17 43 08	3 42	8 15	0 40	24 44 19	5 50
4	Su	14 54 45	12 00 38	15 26	1♎44 21	4 25	3 N21	0 37	8♎42 51	0 N50
5	M	14 58 41	13 00 47	15 45	15 39 22	4 52	1 S40	0 34	22 33 26	4 S09
6	T	15 02 38	14 00 58	16 03	29 24 35	5 01	6 34	0 31	6♏12 23	8 52
7	W	15 06 34	15 01 11	16 20	12♏56 24	4 53	11 03	0 27	19 36 18	13 05
8	Th	15 10 31	16 01 26	16 38	26 11 47	4 30	14 55	0 24	2♐42 39	16 34
9	F	15 14 27	17 01 42	16 55	9♐08 49	3 53	17 59	0 21	15 30 16	19 10
10	S	15 18 24	18 02 01	17 12	21 47 08	3 05	20 06	0 18	27 59 35	20 47
11	Su	15 22 20	19 02 21	17 29	4♑07 56	2 09	21 13	0 15	10♑12 33	21 24
12	M	15 26 17	20 02 42	17 45	16 13 54	1 08	21 19	0 12	22 12 29	21 00
13	T	15 30 14	21 03 05	18 01	28 08 53	0 N05	20 26	0 08	4♒03 42	19 40
14	W	15 34 10	22 03 29	18 17	9♒57 37	0 S57	18 40	0 05	15 51 17	17 29
15	Th	15 38 07	23 03 55	18 32	21 45 25	1 58	16 06	0♋02	27 40 41	14 34
16	F	15 42 03	24 04 22	18 47	3♓37 48	2 53	12 52	29♋59	9♓37 25	11 01
17	S	15 46 00	25 04 50	19 02	15 40 12	3 42	9 03	29 56	21 46 43	6 59
18	Su	15 49 56	26 05 19	19 16	27 57 33	4 21	4 48	29 53	4♈13 09	2 S34
19	M	15 53 53	27 05 50	19 30	10♈33 56	4 49	0 S15	29 49	17 00 09	2 N05
20	T	15 57 49	28 06 22	19 44	23 32 02	5 03	4 N26	29 46	0♉09 36	6 46
21	W	16 01 46	29♏06 56	19 57	6♉52 48	5 01	9 03	29 43	13 41 26	11 16
22	Th	16 05 43	0♐07 31	20 10	20 35 10	4 42	13 21	29 40	27 33 32	15 17
23	F	16 09 39	1 08 07	20 23	4♊36 01	4 06	17 01	29 37	11♊41 57	18 31
24	S	16 13 36	2 08 45	20 35	18 50 40	3 14	19 45	29 33	26 01 26	20 44
25	Su	16 17 32	3 09 24	20 47	3♋13 33	2 09	21 15	29 30	10♋26 20	21 29
26	M	16 21 29	4 10 05	20 59	17 39 08	0 S56	21 21	29 27	24 51 24	20 52
27	T	16 25 25	5 10 48	21 10	2♌02 40	0 N22	20 03	29 24	9♌12 30	18 55
28	W	16 29 22	6 11 32	21 20	16 20 37	1 37	17 29	29 21	23 26 46	15 47
29	Th	16 33 18	7 12 17	21 31	0♍30 45	2 46	13 52	29 18	7♍32 29	11 47
30	F	16 37 15	8♐13 04	21 S40	14♍31 51	3 N44	9 N32	29♋14	21♍28 48	7 N10

D	Mercury			Venus			Mars			Jupiter	
M	Lat.	Dec.		Lat.	Dec.		Lat.	Dec.		Lat.	Dec.
	° ′	° ′	° ′	° ′	° ′	° ′	° ′	° ′	° ′	° ′	° ′
1	2 S38	23 S03	23 S 20	5 S 01	16 S02	15 S37	2 S 17	16 S 30	16 S 17	0 N 42	19 S 08
3	2 43	23 36	23 51	4 33	15 13	14 49	2 11	16 03	15 49	0 41	19 14
5	2 46	24 04	24 15	4 03	14 25	14 02	2 06	15 35	15 21	0 41	19 20
7	2 47	24 25	24 33	3 32	13 39	13 18	2 01	15 07	14 53	0 41	19 26
9	2 46	24 40	24 45	3 02	12 57	12 37	1 56	14 38	14 24	0 41	19 32
11	2 40	24 48	24 49	2 32	12 18	12 00	1 51	14 09	13 54	0 41	19 37
13	2 31	24 48	24 45	2 02	11 44	11 28	1 47	13 39	13 24	0 41	19 43
15	2 17	24 40	24 32	1 34	11 14	11 00	1 42	13 09	12 54	0 40	19 48
17	1 58	24 22	24 09	1 07	10 48	10 37	1 37	12 39	12 24	0 40	19 54
19	1 33	23 53	23 35	0 40	10 28	10 19	1 33	12 08	11 53	0 40	19 59
21	1 01	23 13	22 48	0 S 16	10 11	10 05	1 29	11 37	11 21	0 40	20 05
23	0 S 24	22 21	21 51	0 N 08	10 00	9 56	1 24	11 06	10 50	0 40	20 10
25	0 N16	21 18	20 45	0 29	9 53	9 51	1 20	10 34	10 18	0 40	20 15
27	0 57	20 11	19 37	0 50	9 49	9 49	1 16	10 02	9 46	0 39	20 20
29	1 34	19 04	18 S 34	1 08	9 50	9 S 52	1 12	9 29	9 S 13	0 39	20 25
31	2 N04	18 S 07		1 N 26	9 S 54		1 S 08	8 S 57		0 N 39	20 S 30

FIRST QUARTER–Nov.15,14h.54m. (23°♒11′)

FULL MOON–Nov.23,05h.39m. (0°♊52′)

D M	☿ Long.	♀ Long.	♂ Long.	♃ Long.	♄ Long.	♅ Long.	♆ Long.	♇ Long.	Lunar Aspects ☉	☿	♀	♂	♃	♄	♅	♆	♇
	° ′	° ′	° ′	° ′	° ′	° ′	° ′	° ′									
1	1♐36	29♎38	21♒27	28♏28	4♑59	0♉13	13♓51	19♑00				☍		⚼			
2	2 47	29R 06	22 01	28 41	5 04	0R 10	13R 50	19 01	⚹	□	⚹		□	△	△		⚼
3	3 56	28 35	22 36	28 54	5 09	0 08	13 49	19 02			∠				⚼	☍	△
4	5 04	28 06	23 10	29 07	5 14	0 05	13 49	19 03	∠	⚹	⚺	⚼	⚹	□			
5	6 08	27 40	23 45	29 20	5 19	0 03	13 48	19 04	⚺	∠			∠				□
6	7 10	27 15	24 20	29 33	5 24	0♉01	13 47	19 05			☌	△	⚺	⚹	☍	⚼	
7	8 09	26 52	24 56	29♏46	5 29	29♈58	13 47	19 06	☌	⚺						△	⚹
8	9 05	26 32	25 31	0♐00	5 35	29 56	13 46	19 07			⚺	□	☌	∠			
9	9 57	26 14	26 07	0 13	5 40	29 54	13 46	19 08		☌	∠			⚺	⚼	□	∠
10	10 45	25 58	26 43	0 26	5 46	29 51	13 45	19 09	⚺		⚹	⚹					⚺
11	11 27	25 45	27 19	0 39	5 51	29 49	13 45	19 11	∠				⚺	☌	△		
12	12 05	25 34	27 55	0 52	5 57	29 47	13 44	19 12	⚹	⚺		∠	∠			⚹	☌
13	12 36	25 25	28 31	1 06	6 02	29 45	13 44	19 13		∠	□	⚺	⚹		□	∠	
14	13 01	25 19	29 08	1 19	6 08	29 42	13 44	19 14		⚹				⚺		⚺	
15	13 19	25 16	29♒44	1 32	6 14	29 40	13 43	19 16	□		△			∠			⚺
16	13 28	25D 15	0♓21	1 46	6 20	29 38	13 43	19 17				☌	□	⚹	⚹		∠
17	13R 29	25 16	0 58	1 59	6 26	29 36	13 43	19 18		□	⚼				∠	☌	⚹
18	13 20	25 20	1 35	2 12	6 31	29 34	13 42	19 20	△			⚺	△		⚺		
19	13 01	25 26	2 12	2 26	6 37	29 32	13 42	19 21	⚼	△				□		⚺	
20	12 31	25 34	2 50	2 39	6 43	29 29	13 42	19 22		⚼	☍	∠	⚼		☌	∠	□
21	11 51	25 45	3 27	2 52	6 49	29 27	13 42	19 24				⚹		△			
22	11 01	25 57	4 05	3 06	6 56	29 25	13 42	19 25						⚼		⚹	△
23	10 01	26 12	4 42	3 19	7 02	29 23	13 42	19 27	☍	☍	⚼	□	☍		⚺		⚼
24	8 52	26 29	5 20	3 33	7 08	29 21	13 42	19 28							∠	□	
25	7 37	26 48	5 58	3 46	7 14	29 20	13D 42	19 30			△	△		☍	⚹		
26	6 17	27 09	6 36	3 59	7 20	29 18	13 42	19 31	⚼	⚼		⚼	⚼			△	☍
27	4 54	27 32	7 14	4 13	7 27	29 16	13 42	19 33	△	△	□		△		□	⚼	
28	3 33	27 57	7 52	4 26	7 33	29 14	13 42	19 34						⚼			
29	2 15	28 24	8 31	4 40	7 40	29 12	13 42	19 36		□	⚹		□		△		⚼
30	1♐02	28♎52	9♓09	4♐53	7♑46	29♈10	13♓42	19♑37	□		∠	☍		△	⚼	☍	△

D M	Saturn Lat.	Saturn Dec.	Uranus Lat.	Uranus Dec.	Neptune Lat.	Neptune Dec.	Pluto Lat.	Pluto Dec.
	° ′	° ′	° ′	° ′	° ′	° ′	° ′	° ′
1	0N35	22S46	0S34	11N01	1S00	7S16	0S01	22S06
3	0 34	22 46	0 33	11 00	1 00	7 17	0 01	22 06
5	0 34	22 46	0 33	10 58	1 00	7 17	0 01	22 06
7	0 34	22 45	0 33	10 56	0 59	7 18	0 01	22 06
9	0 34	22 45	0 33	10 55	0 59	7 18	0 01	22 06
11	0 34	22 45	0 33	10 53	0 59	7 18	0 02	22 06
13	0 33	22 45	0 33	10 52	0 59	7 19	0 02	22 05
15	0 33	22 44	0 33	10 50	0 59	7 19	0 02	22 05
17	0 33	22 44	0 33	10 49	0 59	7 19	0 02	22 05
19	0 33	22 44	0 33	10 47	0 59	7 19	0 02	22 05
21	0 32	22 43	0 33	10 46	0 59	7 19	0 03	22 05
23	0 32	22 43	0 33	10 44	0 59	7 19	0 03	22 04
25	0 32	22 42	0 33	10 43	0 59	7 19	0 03	22 04
27	0 32	22 42	0 33	10 42	0 59	7 19	0 03	22 04
29	0 32	22 41	0 33	10 40	0 59	7 19	0 03	22 04
31	0N31	22S41	0S33	10N39	0S59	7S19	0S03	22S03

Mutual Aspects

3 ☿⊥♀. ☿∠♇. ♀⚺♃. ♀⚼♆. ☉∥♀.
4 ☿⚺♄.
5 ☿±♅. ♃⊥♄. ☉∥♂.
6 ☉△♆. 7 ♂⊥♇.
8 ♃∇♅.
9 ♀△♂.
10 ☿∠♀.
11 ☉⚹♇.
13 ☉∠♄.
14 ♀⊥♃.
15 ☿⊥♇. ♂⚹♅.
16 ♀ Stat.
17 ☉⚺♀. ♀#♅. ☿ Stat.
18 ☿⊥♇. 20 ♂□♃.
21 ☉∇♅.
22 ☿∠♀. ☉∥♃. ☿∥♄.
23 ☉⊥♄. ♂∠♇.
24 ☉⊥♀. ☿∥♇. ♂#♅.
25 ☿⚺♄. ♆ Stat.
26 ☉☌♃. ☉∠♇. ☿□♂. ☉∥☿.
27 ☉☌☿. ☉±♅. ☿☌♃. ☿±♅. ☿∠♇.
♂⚹♄. ☿∥♃.
28 ☿⊥♀. ♀∥♂.
29 ☿⊥♄. ♃∠♇.
30 ☉⚺♄. ♀⊥♃. ♀⚼♆.

LAST QUARTER–Nov.30,00h.19m. (7°♍43′)

NEW MOON–Dec. 7,07h.20m. (15°♐07′)

D M	D W	Sidereal Time	⊙ Long.	⊙ Dec.	☽ Long.	☽ Lat.	☽ Dec.	Node	☽ Long.	☽ Dec.
		h m s	° ′ ″	° ′	° ′ ″	° ′	° ′	° ′	° ′ ″	° ′
1	S	16 41 12	9♐13 53	21 S 50	28♍23 17	4 N28	4 N44	29♋11	5♎15 14	2 N16
2	Su	16 45 08	10 14 43	21 59	12♎04 36	4 57	0 S13	29 08	18 51 18	2 S41
3	M	16 49 05	11 15 34	22 07	25 35 14	5 08	5 06	29 05	2♏16 17	7 27
4	T	16 53 01	12 16 27	22 16	8♏54 22	5 02	9 41	29 02	15 29 20	11 47
5	W	16 56 58	13 17 21	22 23	22 01 03	4 41	13 44	28 59	28 29 26	15 31
6	Th	17 00 54	14 18 17	22 31	4♐54 23	4 05	17 05	28 55	11♐15 50	18 26
7	F	17 04 51	15 19 13	22 38	17 33 46	3 18	19 34	28 52	23 48 13	20 26
8	S	17 08 47	16 20 11	22 44	29 59 16	2 22	21 04	28 49	6♑07 02	21 26
9	Su	17 12 44	17 21 09	22 50	12♑11 44	1 21	21 32	28 46	18 13 37	21 24
10	M	17 16 41	18 22 08	22 56	24 12 58	0 N16	21 00	28 43	0≈10 11	20 23
11	T	17 20 37	19 23 08	23 01	6≈05 41	0 S49	19 32	28 39	11 59 56	18 28
12	W	17 24 34	20 24 09	23 05	17 53 26	1 51	17 13	28 36	23 46 46	15 48
13	Th	17 28 30	21 25 10	23 09	29 40 31	2 48	14 13	28 33	5 ✕35 17	12 29
14	F	17 32 27	22 26 11	23 13	11 ✕31 44	3 39	10 37	28 30	17 30 29	8 38
15	S	17 36 23	23 27 14	23 16	23 32 12	4 21	6 33	28 27	29 37 32	4 S24
16	Su	17 40 20	24 28 16	23 19	5♈47 04	4 52	2 S10	28 24	12♈01 25	0 N07
17	M	17 44 16	25 29 19	23 22	18 21 05	5 10	2 N25	28 20	24 46 33	4 44
18	T	17 48 13	26 30 23	23 23	1♉14 40	5 13	7 02	28 17	7♉56 13	9 18
19	W	17 52 10	27 31 26	23 25	14 40 51	4 59	11 29	28 14	21 32 02	13 33
20	Th	17 56 06	28 32 31	23 26	28 29 39	4 28	15 28	28 11	5♊33 22	17 12
21	F	18 00 03	29♐33 35	23 26	12♊42 44	3 39	18 42	28 08	19 57 08	19 55
22	S	18 03 59	0♑34 40	23 26	27 15 48	2 36	20 49	28 05	4♋37 53	21 22
23	Su	18 07 56	1 35 46	23 26	12♋02 06	1 S24	21 33	28 01	19 28 28	21 21
24	M	18 11 52	2 36 52	23 25	26 55 00	0 00	20 47	27 58	4 ♌ 21 02	19 50
25	T	18 15 49	3 37 58	23 23	11 ♌ 45 42	1 N21	18 34	27 55	19 08 10	16 59
26	W	18 19 45	4 39 06	23 21	26 27 44	2 36	15 08	27 52	3♍43 49	13 05
27	Th	18 23 42	5 40 13	23 19	10♍55 57	3 40	10 51	27 49	18 03 46	8 30
28	F	18 27 39	6 41 21	23 16	25 07 05	4 29	6 03	27 45	2♎05 44	3 N33
29	S	18 31 35	7 42 30	23 13	8♎59 43	5 01	1 N03	27 42	15 49 02	1 S27
30	Su	18 35 32	8 43 39	23 09	22 33 48	5 15	3 S54	27 39	29 14 08	6 16
31	M	18 39 28	9♑44 49	23 S 05	5♏50 13	5 N12	8 S33	27♋36	12♏22 13	10 S 42

D M	Mercury Lat.	Mercury Dec.	Venus Lat.	Venus Dec.	Mars Lat.	Mars Dec.	Jupiter Lat.	Jupiter Dec.
	° ′	° ′	° ′	° ′	° ′	° ′	° ′	° ′
1	2 N04	18 S 07	1 N 26	9 S 54	1 S 08	8 S 57	0 N 39	20 S 30
3	2 25	17 26	17 S 44	1 42	10 02	9 S 58	1 04	8 24	8 S 40	0 39	20 35
5	2 38	17 01	17 11	1 56	10 13	10 07	1 00	7 51	8 07	0 39	20 40
7	2 43	16 55	16 56	2 10	10 26	10 19	0 57	7 17	7 34	0 39	20 45
9	2 42	17 03	16 57 17 11	2 22	10 42	10 34 10 50	0 53	6 44	7 01 6 27	0 39	20 49
11	2 36	17 23	17 36	2 33	11 00	11 10	0 50	6 10	5 53	0 39	20 54
13	2 26	17 51	18 08	2 42	11 20	11 30	0 46	5 36	5 19	0 38	20 58
15	2 14	18 25	18 44	2 51	11 41	11 53	0 43	5 02	4 45	0 38	21 03
17	2 01	19 03	19 22	2 59	12 05	12 17	0 40	4 28	4 11	0 38	21 07
19	1 46	19 42	20 01	3 05	12 29	12 42	0 36	3 54	3 37	0 38	21 11
21	1 30	20 21	20 40	3 11	12 55	13 08	0 33	3 19	3 02	0 38	21 15
23	1 14	20 59	21 17	3 16	13 21	13 35	0 30	2 45	2 28	0 38	21 19
25	0 58	21 35	21 52	3 19	13 48	14 02	0 27	2 10	1 53	0 38	21 23
27	0 42	22 08	22 23	3 22	14 16	14 30	0 24	1 36	1 18	0 38	21 26
29	0 27	22 38	22 S 52	3 25	14 44	14 S 58	0 21	1 01	0 44	0 38	21 30
31	0 N11	23 S 04		3 N 26	15 S 12		0 S 19	0 S 27		0 N 38	21 S 33

FIRST QUARTER–Dec.15,11h.49m. (23°✕27′)

FULL MOON–Dec.22,17h.49m. (0°♋49′)

D	☿	♀	♂	♃	♄	♅	♆	♇	Lunar Aspects								
M	Long.	Long.	Long.	Long.	Long.	Long.	Long.	Long.	☉	☿	♀	♂	♃	♄	♅	♆	♇
	° ′	° ′	° ′	° ′	° ′	° ′	° ′	° ′									
1	29♏58	29♎22	9♓48	5♐06	7♑53	29♈09	13♓42	19♑39		⚹	⚺		⚹				
2	29R 03	29♎53	10 26	5 20	7 59	29R 07	13 43	19 41	⚹	∠				□			
3	28 20	0♏26	11 05	5 33	8 06	29 05	13 43	19 42	∠	⚺	☌	⚼	∠		☍	⚼	□
4	27 47	1 01	11 44	5 47	8 12	29 04	13 43	19 44	⚺			△	⚺	⚹		△	
5	27 27	1 37	12 23	6 00	8 19	29 02	13 43	19 46		☌				∠			⚹
6	27 17	2 14	13 02	6 13	8 25	29 01	13 44	19 47			⚺		☌	⚺			∠
7	27D 18	2 52	13 41	6 27	8 32	28 59	13 44	19 49	☌		∠	□			⚼	□	⚺
8	27 29	3 32	14 20	6 40	8 39	28 58	13 45	19 51		⚺	⚹				△		
9	27 50	4 13	14 59	6 53	8 46	28 56	13 45	19 53	⚺	∠		⚹	⚺	●		⚹	
10	28 18	4 55	15 38	7 07	8 52	28 55	13 46	19 54		⚹			∠		□	∠	☌
11	28 54	5 38	16 18	7 20	8 59	28 54	13 46	19 56	∠		□	∠	⚹	⚺			
12	29♏37	6 23	16 57	7 33	9 06	28 52	13 47	19 58	⚹			⚺				⚺	⚺
13	0♐26	7 08	17 37	7 46	9 13	28 51	13 47	20 00		□				∠	⚹		∠
14	1 19	7 54	18 16	8 00	9 20	28 50	13 48	20 02			△		□	⚹	∠	☌	
15	2 18	8 41	18 56	8 13	9 27	28 49	13 49	20 04	□		⚼	☌			⚺		⚹
16	3 20	9 29	19 36	8 26	9 34	28 48	13 50	20 05		△			△	□			
17	4 26	10 18	20 15	8 39	9 41	28 47	13 50	20 07		⚼		⚺	⚼			⚺	□
18	5 35	11 08	20 55	8 52	9 48	28 46	13 51	20 09	△			∠			☌	∠	
19	6 47	11 59	21 35	9 05	9 54	28 45	13 52	20 11	⚼		☍			△		⚹	△
20	8 01	12 50	22 15	9 18	10 01	28 44	13 53	20 13				⚹		⚼	⚺		⚼
21	9 16	13 42	22 55	9 31	10 08	28 43	13 54	20 15		☍			☍		∠	□	
22	10 34	14 35	23 35	9 45	10 15	28 42	13 55	20 17	☍		⚼	□			⚹		
23	11 54	15 29	24 15	9 57	10 23	28 41	13 56	20 19			△			☍		△	
24	13 14	16 23	24 55	10 10	10 30	28 41	13 56	20 21		⚼		△	⚼		□	⚼	☍
25	14 36	17 18	25 35	10 23	10 37	28 40	13 58	20 23		△	□	⚼	△				
26	15 59	18 14	26 15	10 36	10 44	28 39	13 59	20 25	⚼					⚼	△		
27	17 23	19 10	26 55	10 49	10 51	28 39	14 00	20 27	△				□	△	⚼	☍	⚼
28	18 48	20 07	27 35	11 02	10 58	28 38	14 01	20 29		□	⚹	☍					△
29	20 14	21 04	28 15	11 15	11 05	28 38	14 02	20 31	□				⚹	□			
30	21 40	22 02	28 56	11 27	11 12	28 37	14 03	20 33		⚹	⚺		∠		☍	⚼	□
31	23♐07	23♏00	29♓36	11♐40	11♑19	28♈37	14♓04	20♑35	⚹	∠			⚺	⚹			

D	Saturn		Uranus		Neptune		Pluto	
M	Lat.	Dec.	Lat.	Dec.	Lat.	Dec.	Lat.	Dec.
	° ′	° ′	° ′	° ′	° ′	° ′	° ′	° ′
1	0N31	22S41	0S33	10N39	0S59	7S19	0S03	22S03
3	0 31	22 40	0 33	10 38	0 59	7 19	0 04	22 03
5	0 31	22 39	0 33	10 37	0 59	7 18	0 04	22 03
7	0 31	22 39	0 33	10 36	0 59	7 18	0 04	22 02
9	0 31	22 38	0 33	10 35	0 59	7 18	0 04	22 02
11	0 31	22 37	0 33	10 34	0 59	7 17	0 04	22 02
13	0 30	22 37	0 33	10 33	0 59	7 17	0 05	22 01
15	0 30	22 36	0 33	10 33	0 59	7 16	0 05	22 01
17	0 30	22 35	0 32	10 32	0 59	7 15	0 05	22 01
19	0 30	22 34	0 32	10 31	0 58	7 15	0 05	22 00
21	0 30	22 33	0 32	10 31	0 58	7 14	0 05	22 00
23	0 30	22 32	0 32	10 30	0 58	7 13	0 05	21 59
25	0 29	22 31	0 32	10 30	0 58	7 12	0 06	21 59
27	0 29	22 30	0 32	10 29	0 58	7 12	0 06	21 59
29	0 29	22 29	0 32	10 29	0 58	7 11	0 06	21 58
31	0N29	22S28	0S32	10N29	0S58	7S10	0S06	21S58

Mutual Aspects

1 ☿⚺♀. ♀☍♅. ♃±♅.
2 ☿∇♅. ☉∥♇.
3 ☉□♂.
5 ☉□♆. ☉⊥♇.
6 ☉⚼♅. ☿Stat.
7 ♂∠♅. ♂☌♆. ☉∥♄. ♂∥♆.
8 ♀#♅.
11 ☿∇♅.
12 ☉⚺♇.
14 ♀⚺♃. ♀Q♇.
15 ♅∠♆.
16 ☉∠♀. ☿⊥♄. ♀⚹♄.
17 ☿±♅. ♂⚹♇.
18 ☿∠♇.
20 ☉△♅. ♂Q♄.
21 ☿☌♃. ♀△♆. ♂⊥♅.
22 ☿⚺♄.
23 ☉Q♆.
24 ☿⚼♅. ☿∥♃.
25 ☿□♆. ☿⊥♇.
26 ☿∥♇.
27 ♃⚺♄.
28 ♀⚹♇. ☿∥♄.
29 ☿⚺♇.
30 ♂⚺♅.
31 ☿⚺♀. ☉∥☿.

LAST QUARTER–Dec.29,09h.34m. (7°♎36′)

JANUARY

D	☉	☽	☽Dec.	☿	♀	♂
1	1 01 08	15 17 52	0 00	0 59	1 15	37
2	1 01 08	15 09 51	1 27	1 03	1 15	37
3	1 01 08	14 52 37	2 42	1 06	1 15	37
4	1 01 08	14 28 54	3 37	1 08	1 15	37
5	1 01 08	14 01 50	4 12	1 10	1 15	37
6	1 01 08	13 34 18	4 28	1 13	1 15	37
7	1 01 08	13 08 30	4 29	1 14	1 15	37
8	1 01 08	12 45 51	4 18	1 16	1 15	37
9	1 01 09	12 27 06	3 58	1 18	1 15	37
10	1 01 09	12 12 26	3 30	1 19	1 15	37
11	1 01 09	12 01 41	2 55	1 20	1 15	37
12	1 01 09	11 54 30	2 14	1 21	1 15	37
13	1 01 08	11 50 23	1 27	1 22	1 15	37
14	1 01 08	11 48 53	0 36	1 23	1 15	37
15	1 01 08	11 49 37	0 17	1 24	1 15	37
16	1 01 07	11 52 20	1 09	1 25	1 15	37
17	1 01 07	11 56 55	1 59	1 26	1 15	37
18	1 01 06	12 03 29	2 44	1 27	1 15	37
19	1 01 06	12 12 12	3 22	1 27	1 15	37
20	1 01 05	12 23 23	3 52	1 28	1 15	37
21	1 01 04	12 37 18	4 13	1 29	1 15	37
22	1 01 03	12 54 08	4 24	1 30	1 15	37
23	1 01 02	13 13 46	4 25	1 30	1 15	37
24	1 01 01	13 35 40	4 13	1 31	1 15	37
25	1 01 00	13 58 47	3 46	1 31	1 15	37
26	1 00 59	14 21 23	3 01	1 32	1 15	37
27	1 00 58	14 41 16	1 58	1 33	1 15	37
28	1 00 57	14 55 59	0 41	1 33	1 15	37
29	1 00 56	15 03 23	0 45	1 34	1 15	37
30	1 00 54	15 02 06	2 07	1 35	1 15	37
31	1 00 53	14 52 02	3 15	1 35	1 15	37

FEBRUARY

D	☉	☽	☽Dec.	☿	♀	♂
1	1 00 52	14 34 20	4 04	1 36	1 15	37
2	1 00 51	14 11 06	4 31	1 37	1 15	37
3	1 00 50	13 44 57	4 39	1 38	1 15	37
4	1 00 49	13 18 21	4 32	1 38	1 15	37
5	1 00 49	12 53 24	4 12	1 39	1 15	37
6	1 00 48	12 31 39	3 44	1 40	1 15	37
7	1 00 47	12 14 00	3 09	1 41	1 15	37
8	1 00 46	12 00 56	2 28	1 41	1 15	37
9	1 00 45	11 52 29	1 41	1 42	1 15	36
10	1 00 44	11 48 27	0 51	1 43	1 15	36
11	1 00 43	11 48 25	0 01	1 44	1 15	36
12	1 00 41	11 51 52	0 55	1 45	1 15	36
13	1 00 40	11 58 12	1 46	1 45	1 15	36
14	1 00 39	12 06 51	2 33	1 46	1 15	36
15	1 00 37	12 17 13	3 15	1 47	1 15	36
16	1 00 36	12 28 53	3 48	1 48	1 15	36
17	1 00 34	12 41 27	4 11	1 49	1 15	36
18	1 00 33	12 54 43	4 24	1 50	1 15	36
19	1 00 31	13 08 34	4 26	1 50	1 15	36
20	1 00 29	13 22 54	4 15	1 51	1 15	36
21	1 00 27	13 37 36	3 50	1 52	1 15	36
22	1 00 25	13 52 24	3 10	1 52	1 15	36
23	1 00 24	14 06 44	2 15	1 53	1 15	36
24	1 00 22	14 19 45	1 05	1 53	1 15	36
25	1 00 20	14 30 15	0 13	1 54	1 15	36
26	1 00 18	14 36 51	1 33	1 54	1 15	36
27	1 00 16	14 38 16	2 45	1 54	1 15	36
28	1 00 14	14 33 36	3 43	1 53	1 15	36

MARCH

D	☉	☽	☽Dec.	☿	♀	♂
1	1 00 12	14 22 36	4 22	1 53	1 15	36
2	1 00 10	14 05 57	4 41	1 52	1 15	35
3	1 00 08	13 45 02	4 42	1 51	1 15	35
4	1 00 07	13 21 47	4 28	1 49	1 15	35
5	1 00 05	12 58 15	4 02	1 47	1 15	35
6	1 00 03	12 36 21	3 27	1 45	1 15	35
7	1 00 02	12 17 35	2 45	1 42	1 15	35
8	1 00 00	12 03 03	1 58	1 38	1 15	35
9	0 59 59	11 53 21	1 08	1 34	1 15	35
10	0 59 57	11 48 47	0 15	1 30	1 15	35
11	0 59 55	11 49 15	0 39	1 24	1 15	35
12	0 59 54	11 54 26	1 31	1 19	1 15	35
13	0 59 52	12 03 45	2 20	1 13	1 15	35
14	0 59 50	12 16 24	3 04	1 06	1 14	35
15	0 59 48	12 31 24	3 42	0 59	1 14	35
16	0 59 46	12 47 36	4 10	0 52	1 14	35
17	0 59 44	13 03 51	4 28	0 44	1 14	34
18	0 59 42	13 19 05	4 33	0 37	1 14	34
19	0 59 40	13 32 30	4 25	0 28	1 14	34
20	0 59 38	13 43 39	4 01	0 20	1 14	34
21	0 59 36	13 52 30	3 22	0 12	1 14	34
22	0 59 34	13 59 17	2 28	0 04	1 14	34
23	0 59 32	14 04 25	1 22	0 04	1 14	34
24	0 59 29	14 08 14	0 07	0 11	1 14	34
25	0 59 27	14 10 48	1 10	0 19	1 14	34
26	0 59 25	14 11 48	2 21	0 25	1 14	34
27	0 59 22	14 10 37	3 22	0 31	1 14	33
28	0 59 20	14 06 29	4 06	0 37	1 14	33
29	0 59 18	13 58 42	4 34	0 41	1 14	33
30	0 59 15	13 47 00	4 44	0 45	1 14	33
31	0 59 13	13 31 41	4 38	0 47	1 14	33

APRIL

D	☉	☽	☽Dec.	☿	♀	♂
1	0 59 11	13 13 39	4 18	0 49	1 14	33
2	0 59 09	12 54 16	3 47	0 50	1 14	33
3	0 59 08	12 35 02	3 06	0 49	1 14	33
4	0 59 06	12 17 53	2 19	0 48	1 14	32
5	0 59 04	12 03 49	1 27	0 46	1 14	32
6	0 59 02	11 54 01	0 33	0 43	1 14	32
7	0 59 01	11 49 11	0 21	0 39	1 14	32
8	0 58 59	11 49 44	1 14	0 35	1 14	32
9	0 58 57	11 55 42	2 04	0 31	1 14	32
10	0 58 55	12 06 49	2 50	0 26	1 14	32
11	0 58 53	12 22 26	3 30	0 21	1 14	32
12	0 58 52	12 41 29	4 03	0 15	1 14	32
13	0 58 50	13 02 32	4 27	0 10	1 13	31
14	0 58 48	13 23 46	4 39	0 05	1 13	31
15	0 58 46	13 43 15	4 37	0 01	1 13	31
16	0 58 44	13 59 13	4 19	0 06	1 13	31
17	0 58 42	14 10 26	3 43	0 11	1 13	31
18	0 58 40	14 16 28	2 50	0 16	1 13	30
19	0 58 38	14 17 43	1 42	0 20	1 13	30
20	0 58 36	14 15 14	0 25	0 25	1 13	30
21	0 58 34	14 10 15	0 53	0 29	1 13	30
22	0 58 31	14 03 58	2 06	0 33	1 13	30
23	0 58 29	13 57 05	3 07	0 37	1 13	30
24	0 58 27	13 49 49	3 54	0 41	1 13	29
25	0 58 25	13 41 59	4 24	0 45	1 13	29
26	0 58 23	13 33 05	4 39	0 48	1 13	29
27	0 58 21	13 22 39	4 39	0 52	1 13	29
28	0 58 19	13 10 26	4 26	0 55	1 13	29
29	0 58 17	12 56 35	4 00	0 58	1 13	28
30	0 58 15	12 41 42	3 24	1 01	1 13	28

MAY

D	☉	☽	☽Dec.	☿	♀	♂
1	0 58 13	12 26 43	2 39	1 04	1 13	28
2	0 58 12	12 12 45	1 48	1 06	1 13	28
3	0 58 10	12 01 01	0 53	1 09	1 13	27
4	0 58 09	11 52 36	0 02	1 12	1 13	27
5	0 58 07	11 48 27	0 57	1 14	1 13	27
6	0 58 06	11 49 15	1 48	1 16	1 12	27
7	0 58 04	11 55 26	2 35	1 19	1 12	26
8	0 58 03	12 07 06	3 16	1 21	1 12	26
9	0 58 02	12 23 59	3 51	1 23	1 12	26
10	0 58 02	12 45 19	4 18	1 26	1 12	25
11	0 57 59	13 09 46	4 36	1 28	1 12	25
12	0 57 58	13 35 24	4 42	1 30	1 12	25
13	0 57 56	13 59 46	4 33	1 32	1 12	24
14	0 57 55	14 20 17	4 06	1 34	1 12	24
15	0 57 53	14 34 45	3 18	1 36	1 12	24
16	0 57 52	14 41 50	2 12	1 38	1 12	23
17	0 57 50	14 41 29	0 53	1 41	1 12	23
18	0 57 49	14 34 46	0 31	1 43	1 12	23
19	0 57 47	14 23 31	1 50	1 45	1 12	22
20	0 57 45	14 09 41	2 56	1 47	1 12	22
21	0 57 44	13 54 58	3 46	1 49	1 12	22
22	0 57 42	13 40 27	4 19	1 51	1 12	21
23	0 57 40	13 26 39	4 36	1 53	1 12	21
24	0 57 39	13 13 40	4 39	1 55	1 11	20
25	0 57 37	13 01 16	4 29	1 57	1 11	20
26	0 57 36	12 49 11	4 08	1 59	1 11	19
27	0 57 35	12 37 15	3 36	2 01	1 11	19
28	0 57 34	12 25 30	2 55	2 03	1 11	19
29	0 57 32	12 14 16	2 06	2 05	1 11	18
30	0 57 31	12 04 04	1 13	2 06	1 11	18
31	0 57 30	11 55 38	0 17	2 08	1 11	17

JUNE

D	☉	☽	☽Dec.	☿	♀	♂
1	0 57 29	11 49 45	0 39	2 00	1 11	17
2	0 57 28	11 47 14	1 31	2 10	1 11	16
3	0 57 28	11 48 49	2 19	2 11	1 11	16
4	0 57 27	11 55 04	3 01	2 12	1 11	15
5	0 57 26	12 06 25	3 37	2 12	1 11	14
6	0 57 25	12 22 55	4 06	2 12	1 11	14
7	0 57 25	12 44 14	4 26	2 12	1 11	13
8	0 57 24	13 09 28	4 37	2 11	1 10	13
9	0 57 24	13 37 01	4 36	2 11	1 10	12
10	0 57 23	14 04 48	4 20	2 10	1 10	11
11	0 57 23	14 29 23	3 44	2 09	1 10	11
12	0 57 22	14 48 31	2 47	2 07	1 10	10
13	0 57 21	14 59 43	1 31	2 06	1 10	9
14	0 57 21	15 01 54	0 03	2 04	1 10	9
15	0 57 20	14 55 26	1 24	2 02	1 10	8
16	0 57 19	14 41 55	2 41	2 00	1 10	7
17	0 57 18	14 23 40	3 39	1 58	1 10	7
18	0 57 17	14 03 01	4 18	1 56	1 10	6
19	0 57 17	13 41 58	4 38	1 54	1 10	5
20	0 57 16	13 21 53	4 42	1 51	1 09	5
21	0 57 15	13 03 35	4 33	1 49	1 09	4
22	0 57 14	12 47 24	4 13	1 47	1 09	3
23	0 57 14	12 33 20	3 44	1 45	1 09	2
24	0 57 13	12 21 14	3 06	1 42	1 09	2
25	0 57 13	12 10 56	2 20	1 40	1 09	1
26	0 57 12	12 02 20	1 29	1 38	1 09	0
27	0 57 12	11 55 27	0 34	1 35	1 09	0
28	0 57 12	11 50 28	0 22	1 33	1 09	1
29	0 57 12	11 47 41	1 16	1 31	1 08	2
30	0 57 12	11 47 33	2 06	1 28	1 08	3

JULY

D	☉	☽	☽Dec.	☿	♀	♂
1	0 57 12	11 50 33	2 49	1 26	1 08	3
2	0 57 12	11 57 12	3 26	1 23	1 08	4
3	0 57 12	12 07 54	3 55	1 21	1 08	5
4	0 57 12	12 22 57	4 16	1 18	1 08	6
5	0 57 12	12 42 19	4 29	1 16	1 08	6
6	0 57 12	13 05 36	4 32	1 13	1 08	7
7	0 57 13	13 31 46	4 22	1 11	1 08	8
8	0 57 13	13 59 11	3 56	1 08	1 07	9
9	0 57 14	14 25 29	3 12	1 05	1 07	9
10	0 57 14	14 47 54	2 07	1 02	1 07	10
11	0 57 14	15 03 43	0 45	0 59	1 07	11
12	0 57 15	15 10 51	0 46	0 56	1 07	11
13	0 57 15	15 08 29	2 12	0 53	1 07	12
14	0 57 15	14 57 11	3 24	0 50	1 07	12
15	0 57 15	14 38 44	4 14	0 46	1 06	13
16	0 57 15	14 15 37	4 42	0 43	1 06	13
17	0 57 15	13 50 26	4 50	0 39	1 06	14
18	0 57 15	13 25 24	4 43	0 35	1 06	14
19	0 57 16	13 02 10	4 23	0 31	1 06	15
20	0 57 16	12 41 47	3 54	0 27	1 05	15
21	0 57 16	12 24 45	3 17	0 22	1 05	15
22	0 57 16	12 11 13	2 32	0 18	1 05	16
23	0 57 17	12 01 02	1 42	0 13	1 05	16
24	0 57 17	11 53 56	0 48	0 08	1 05	16
25	0 57 18	11 49 38	0 07	0 04	1 04	16
26	0 57 18	11 47 51	1 02	0 01	1 04	16
27	0 57 19	11 48 25	1 53	0 07	1 04	16
28	0 57 20	11 51 16	2 39	0 12	1 04	16
29	0 57 20	11 56 27	3 17	0 17	1 04	16
30	0 57 21	12 04 09	3 48	0 22	1 03	16
31	0 57 22	12 14 33	4 10	0 26	1 03	16

AUGUST

D	☉	☽	☽Dec.	☿	♀	♂
1	0 57 23	12 27 55	4 23	0 31	1 03	16
2	0 57 24	12 44 20	4 27	0 35	1 03	16
3	0 57 25	13 03 45	4 20	0 39	1 02	16
4	0 57 27	13 25 45	3 59	0 42	1 02	15
5	0 57 28	13 49 24	3 24	0 44	1 02	15
6	0 57 29	14 13 17	2 30	0 46	1 01	15
7	0 57 31	14 35 20	1 19	0 47	1 01	14
8	0 57 32	14 53 12	0 06	0 47	1 01	14
9	0 57 33	15 04 30	1 34	0 47	1 01	13
10	0 57 34	15 07 26	2 55	0 45	1 00	13
11	0 57 35	15 01 16	3 58	0 43	1 00	12
12	0 57 36	14 46 34	4 39	0 39	1 00	11
13	0 57 37	14 25 07	4 58	0 35	0 59	11
14	0 57 38	13 59 28	4 56	0 30	0 59	10
15	0 57 39	13 32 17	4 39	0 25	0 58	9
16	0 57 41	13 05 59	4 10	0 19	0 58	9
17	0 57 42	12 42 20	3 32	0 12	0 58	8
18	0 57 43	12 22 32	2 47	0 05	0 57	7
19	0 57 44	12 07 08	1 56	0 02	0 57	7
20	0 57 44	11 56 18	1 02	0 10	0 56	6
21	0 57 46	11 49 50	0 07	0 17	0 56	5
22	0 57 47	11 47 22	0 48	0 25	0 55	4
23	0 57 48	11 48 23	1 41	0 33	0 55	3
24	0 57 50	11 52 20	2 29	0 40	0 54	3
25	0 57 51	11 58 41	3 10	0 48	0 54	2
26	0 57 53	12 06 58	3 43	0 55	0 53	1
27	0 57 54	12 16 48	4 08	1 02	0 53	0
28	0 57 56	12 27 57	4 23	1 08	0 52	1
29	0 57 57	12 40 21	4 28	1 15	0 51	2
30	0 57 59	12 54 00	4 22	1 21	0 51	2
31	0 58 01	13 08 58	4 03	1 26	0 50	3

SEPTEMBER

D	☉	☽	☽Dec.	☿	♀	♂
1	0 58 03	13 25 16	3 30	1 31	0 49	4
2	0 58 05	13 42 42	2 43	1 35	0 49	5
3	0 58 07	14 00 43	1 39	1 39	0 48	6
4	0 58 09	14 18 18	0 23	1 43	0 47	6
5	0 58 11	14 33 57	1 00	1 46	0 46	7
6	0 58 13	14 45 44	2 21	1 48	0 45	8
7	0 58 15	14 51 43	3 32	1 50	0 45	9
8	0 58 17	14 50 20	4 25	1 52	0 44	9
9	0 58 18	14 40 58	4 56	1 53	0 43	10
10	0 58 20	14 24 13	5 05	1 54	0 42	11
11	0 58 22	14 01 46	4 56	1 54	0 41	12
12	0 58 24	13 36 04	4 30	1 54	0 40	12
13	0 58 25	13 09 43	3 53	1 54	0 39	13
14	0 58 27	12 45 00	3 07	1 54	0 37	14
15	0 58 29	12 23 42	2 15	1 54	0 36	15
16	0 58 30	12 06 56	1 20	1 53	0 35	15
17	0 58 32	11 55 17	0 23	1 53	0 34	16
18	0 58 33	11 48 53	0 34	1 52	0 32	17
19	0 58 35	11 47 31	1 28	1 51	0 31	17
20	0 58 37	11 50 43	2 17	1 50	0 30	18
21	0 58 39	11 57 47	3 01	1 49	0 28	18
22	0 58 40	12 07 54	3 38	1 48	0 26	19
23	0 58 42	12 20 06	4 06	1 48	0 25	20
24	0 58 44	12 33 25	4 25	1 47	0 23	20
25	0 58 46	12 47 01	4 33	1 46	0 21	21
26	0 58 48	13 00 11	4 29	1 45	0 20	21
27	0 58 50	13 12 33	4 13	1 44	0 18	22
28	0 58 52	13 24 02	3 41	1 43	0 16	22
29	0 58 55	13 34 51	2 55	1 42	0 14	23
30	0 58 57	13 45 17	1 55	1 41	0 12	23

OCTOBER

D	☉	☽	☽Dec.	☿	♀	♂
1	0 58 59	13 55 36	0 42	1 40	0 10	24
2	0 59 02	14 05 44	0 36	1 39	0 07	24
3	0 59 04	14 15 10	1 55	1 38	0 05	25
4	0 59 06	14 22 53	3 06	1 38	0 03	25
5	0 59 09	14 27 29	4 04	1 37	0 01	26
6	0 59 11	14 27 27	4 43	1 36	0 02	26
7	0 59 13	14 21 40	5 03	1 35	0 04	26
8	0 59 15	14 09 45	5 04	1 34	0 06	27
9	0 59 17	13 52 20	4 47	1 34	0 09	27
10	0 59 19	13 30 59	4 15	1 33	0 11	28
11	0 59 21	13 07 45	3 31	1 32	0 14	28
12	0 59 23	12 44 51	2 39	1 32	0 16	28
13	0 59 25	12 24 16	1 42	1 31	0 18	29
14	0 59 27	12 07 30	0 43	1 30	0 21	29
15	0 59 28	11 55 34	0 16	1 29	0 23	29
16	0 59 30	11 49 03	1 12	1 29	0 25	30
17	0 59 32	11 48 06	2 03	1 28	0 27	30
18	0 59 34	11 52 32	2 49	1 27	0 29	30
19	0 59 35	12 01 50	3 28	1 26	0 30	31
20	0 59 37	12 15 11	4 00	1 26	0 32	31
21	0 59 39	12 31 26	4 23	1 25	0 33	31
22	0 59 41	12 49 15	4 37	1 24	0 34	32
23	0 59 43	13 07 04	4 39	1 23	0 35	32
24	0 59 45	13 23 29	4 27	1 22	0 36	32
25	0 59 47	13 37 21	3 59	1 21	0 37	32
26	0 59 49	13 48 01	3 15	1 20	0 37	33
27	0 59 51	13 55 29	2 14	1 19	0 37	33
28	0 59 53	14 00 14	1 01	1 18	0 36	33
29	0 59 55	14 03 03	0 18	1 17	0 36	33
30	0 59 58	14 04 39	1 37	1 15	0 35	34
31	1 00 00	14 05 31	2 48	1 14	0 34	34

NOVEMBER

D	☉	☽	☽Dec.	☿	♀	♂
1	1 00 02	14 05 38	3 47	1 12	0 33	34
2	1 00 04	14 04 28	4 29	1 10	0 31	34
3	1 00 06	14 01 35	4 54	1 08	0 30	35
4	1 00 08	13 55 01	5 02	1 06	0 28	35
5	1 00 10	13 45 14	4 53	1 03	0 26	35
6	1 00 12	13 31 49	4 29	1 01	0 24	35
7	1 00 14	13 15 22	3 52	0 57	0 22	35
8	1 00 16	12 57 02	3 04	0 54	0 19	36
9	1 00 17	12 38 33	2 07	0 50	0 17	36
10	1 00 19	12 20 48	1 07	0 45	0 15	36
11	1 00 21	12 05 58	0 06	0 40	0 12	36
12	1 00 22	11 54 59	0 53	0 35	0 10	36
13	1 00 24	11 48 44	1 46	0 28	0 07	36
14	1 00 25	11 47 48	2 34	0 21	0 05	37
15	1 00 26	11 52 23	3 15	0 14	0 02	37
16	1 00 28	12 02 24	3 48	0 05	0 00	37
17	1 00 29	12 17 21	4 15	0 04	0 03	37
18	1 00 30	12 36 23	4 33	0 14	0 05	37
19	1 00 31	12 58 06	4 41	0 24	0 07	37
20	1 00 33	13 20 46	4 37	0 35	0 09	37
21	1 00 34	13 42 22	4 18	0 45	0 12	38
22	1 00 36	14 00 51	3 40	0 55	0 14	38
23	1 00 37	14 14 39	2 43	1 05	0 16	38
24	1 00 39	14 22 53	1 30	1 12	0 18	38
25	1 00 40	14 25 35	0 07	1 18	0 20	38
26	1 00 42	14 23 32	1 18	1 22	0 22	38
27	1 00 43	14 17 57	2 34	1 22	0 24	38
28	1 00 45	14 10 08	3 36	1 20	0 26	38
29	1 00 46	14 01 06	4 21	1 16	0 27	38
30	1 00 48	13 51 26	4 47	1 09	0 29	38

DECEMBER

D	☉	☽	☽Dec.	☿	♀	♂
1	1 00 49	13 41 19	4 58	1 00	0 31	39
2	1 00 51	13 30 38	4 53	0 49	0 32	39
3	1 00 52	13 19 08	4 35	0 38	0 34	39
4	1 00 54	13 06 41	4 03	0 27	0 35	39
5	1 00 55	12 53 19	3 21	0 15	0 37	39
6	1 00 56	12 39 23	2 29	0 04	0 38	39
7	1 00 57	12 25 30	1 30	0 06	0 39	39
8	1 00 58	12 12 28	0 28	0 16	0 40	39
9	1 00 59	12 01 44	0 32	0 25	0 42	39
10	1 01 00	11 52 43	1 28	0 32	0 43	39
11	1 01 00	11 47 45	2 18	0 40	0 44	39
12	1 01 01	11 47 40	3 01	0 46	0 45	39
13	1 01 01	11 51 13	3 36	0 51	0 46	40
14	1 01 02	12 00 28	4 03	0 56	0 47	40
15	1 01 02	12 14 52	4 23	1 00	0 48	40
16	1 01 03	12 34 01	4 35	1 04	0 49	40
17	1 01 03	12 57 05	4 37	1 07	0 49	40
18	1 01 04	13 22 40	4 26	1 10	0 50	40
19	1 01 04	13 48 48	4 00	1 13	0 51	40
20	1 01 04	14 13 06	3 13	1 15	0 52	40
21	1 01 05	14 33 04	2 07	1 17	0 53	40
22	1 01 05	14 46 38	0 44	1 19	0 53	40
23	1 01 06	14 52 33	0 46	1 20	0 54	40
24	1 01 06	14 50 43	2 13	1 21	0 55	40
25	1 01 07	14 42 02	3 25	1 23	0 55	40
26	1 01 07	14 28 12	4 17	1 24	0 56	40
27	1 01 08	14 11 08	4 48	1 24	0 56	40
28	1 01 08	13 52 38	5 00	1 25	0 57	40
29	1 01 09	13 34 05	4 57	1 26	0 58	40
30	1 01 09	13 16 25	4 39	1 27	0 58	40
31	1 01 10	13 00 09	4 10	1 27	0 59	40

JANUARY

Date	Time	Aspect	
1	07 09	☽⚼♂	b
Mo	08 10	☽♋	
	10 26	☽☍♄	B
	11 20	☽⚼♃	b
	20 51	☿⊻♇	
	23 28	☽☍♀	B
2	02 24	☽☍☉	B
Tu	02 52	☽△♆	G
	07 41	☽△♂	G
	09 37	☉✱♆	
	11 07	☽△♃	G
	13 43	☽☍♇	B
	14 11	♅Stat	
	22 46	☽□♅	B
3	02 32	☽⚼♆	b
We	07 22	☽♌	
	16 31	☽⚼☿	b
	17 38	♀✱♆	
4	09 34	☽□♂	B
Th	09 38	☽#♃	G
	10 23	☽⚼♄	b
	10 37	☿∥♇	
	10 52	☽#♂	B
	11 34	☽□♃	B
	18 52	☽△☿	G
	23 10	☽△♅	G
5	06 21	☽⚼♀	b
Fr	08 05	☽⚼☉	b
	08 12	☽♍	
	09 19	♂∠♄	
	11 25	☽△♄	G
	14 49	☽⚼♇	b
	15 06	♂∥♃	
	19 34	☿⊥♂	
	22 58	☉∥♄	
6	00 24	☽⚼♅	b
Sa	04 37	☽☍♆	B
	05 58	☽∥♅	B
	08 34	☿⊥♃	
	10 23	☽△♀	G
	11 39	☽△☉	G
	12 04	☽#♆	D
	14 22	☽✱♂	G
	14 43	☽✱♃	G
	16 40	☽△♇	G
	23 39	☿△♅	
7	00 39	♂☌♃	
Su	02 51	☽□☿	B
	12 14	☽♎	
	15 49	☉∥☿	
	16 09	☽□♄	B
	17 43	☽∠♃	b
	18 21	☽∠♂	b
8	12 07	☉✱♃	
Mo	16 13	♀✱♃	
	19 18	☿∥♄	
	19 59	♂✱♇	
	21 43	☽⊻♃	g
	22 15	☽□♀	B
	22 25	☽□☉	B
	23 17	☽□♇	B
	23 26	☽⊻♂	g
9	07 02	☉☌♀	
Tu	09 03	♀☌♇	
	09 33	☉☌♇	
	09 45	☽☍♅	B
	14 33	☽⚼♆	b
	16 13	☽✱☿	G
	20 05	☽♏	
	21 08	♀✱♂	
10	00 47	☽✱♄	G
We	02 09	☿∥♀	
	02 52	☽∥♆	D
	05 36	☉✱♂	
	10 01	☽#♅	B
	19 39	☽△♆	G
11	00 48	☽∠☿	b
Th	05 09	☿♑	
	06 21	☽∠♄	b
	07 54	☿Q♆	
	08 21	☽☌♃	G
	09 26	☽✱♇	G
	10 40	♀∥♄	
	12 34	☽☌♂	B
	13 41	☽✱☉	G
	14 53	☽✱♀	G
12	07 04	☽♐	
Fr	07 08	☉∥♇	
	10 21	☽⊻☿	g
	12 32	☽⊻♄	g
	15 27	☽∠♇	b
	18 11	☽∥♃	G
	22 29	☽∠☉	b
13	00 27	☽∠♀	b
Sa	02 24	☽⚼♅	b
	05 16	☽∥♂	B
	07 03	☿☌♄	
	07 38	☽□♆	B
	19 09	♀□♅	
	21 19	☽⊻♃	g
	21 49	☽⊻♇	g
14	03 55	☿∠♃	
Su	04 12	☽⊻♂	g
	07 41	☽⊻☉	g
	08 48	☽△♅	G
	10 25	☽⊻♀	g
	19 42	☽♑	
	20 45	☉□♅	
15	01 49	☽☌♄	B
Mo	04 08	☽∠♃	b
	07 03	☽☌☿	G
	12 21	☽∠♂	b
	20 39	☽✱♆	G
	21 47	♀∠♆	
16	01 50	♀∥♇	
Tu	04 13	♃✱♇	
	10 54	☽☌♇	D
	10 58	☽✱♃	G
	20 27	☽✱♂	G
	21 44	☽□♅	B
17	02 17	☽☌☉	D
We	03 06	☽∠♆	b
	06 30	☽☌♀	G
	08 32	☽♒	
	12 05	☉∠♆	
	15 11	☽⊻♄	g
	18 14	☽∥♂	B
	21 37	♂▽♅	
18	01 44	♀♒	
Th	03 59	☽⊻☿	g
	08 55	☿∠♂	
	09 22	☽⊻♆	g
	12 10	☽∥♃	G
	21 31	☽∠♄	b
	23 25	☽⊻♇	g
19	00 00	☽□♃	B
Fr	09 57	☽✱♅	G
	11 05	♀Q♃	
	11 52	☽□♂	B
	13 58	☽∠☿	b
	19 50	☽⊻☉	g
	20 26	☽♓	
20	01 08	☿✱♆	
Sa	01 21	☽⊻♀	g
	03 09	☉♒	
	03 28	☽✱♄	G
	05 09	☽∠♇	b
	15 28	☽∠♅	b
	20 45	☽☌♆	D
	21 25	☽#♅	B
	23 20	☽✱☿	G
	23 45	♀⊻♄	
21	03 46	☽∠☉	b
Su	05 33	☽∥♆	D
	09 50	☽∠♀	b
	10 22	☽✱♇	G
	11 25	☽△♃	G
	20 26	☽⊻♅	g
22	01 13	☽△♂	G
Mo	04 50	☉Q♃	
	06 27	☽♈	
	10 55	☽✱☉	G
	13 41	☽□♄	B
	16 11	☽⚼♃	b
	17 28	☽✱♀	G
23	03 06	♂⊥♄	
Tu	05 45	♀⊥♆	
	05 50	☽⊻♆	g
	06 45	☽⚼♂	b
	15 29	☽□☿	B
	18 47	☽□♇	B
24	01 31	☉⊻♄	
We	04 16	☽☌♅	B
	09 14	☽∠♆	b
	10 09	☉∥♂	
	13 39	☽♉	
	19 17	☽#♆	D
	20 50	☿☌♇	
	20 56	☽△♄	G
	22 20	☽□☉	B
25	00 14	♀∥♂	
Th	03 10	☽∥♅	B
	05 35	☽□♀	B
	11 28	☿✱♃	
	11 49	☽✱♆	G
	23 18	☽⚼♄	b
26	00 02	☽△♇	G
Fr	01 40	☽☍♃	B
	03 17	☽△☿	G
	05 06	♀⊥♄	
	08 53	☽⊻♅	g
	12 56	♂♐	
	14 55	☉⊥♆	
	17 40	☽♊	
	17 52	☽☍♂	B
27	01 28	☽⚼♇	b
Sa	05 45	☽△☉	G
	07 25	☽#♃	G
	07 35	☽⚼☿	b
	10 04	☽∠♅	b
	13 31	☽△♀	G
	14 41	☽□♆	B
	21 25	☽#☉	G
	21 41	☽#♀	G
	22 00	♂±♅	
28	03 22	♀⊻♆	
Su	06 03	☉∥♀	
	07 08	☿□♅	
	07 15	♀Q♅	
	08 12	☽⚼☉	b
	10 39	☽✱♅	G
	15 48	♀Q♂	
	16 15	☽⚼♀	b
	17 23	☿∥♄	
	18 57	☽♋	
	21 30	☽#♂	B
29	02 15	☽☍♄	B
Mo	04 31	☽⚼♃	b
	15 19	☽△♆	G
	21 03	☽#♂	B
	22 18	☽⚼♂	b
30	02 34	☽☍♇	B
Tu	03 02	☿∠♆	
	04 38	☽△♃	G
	10 46	☽□♅	B
	15 16	☽⚼♆	b
	15 38	☉⊥♄	
	16 40	☽☍☿	B
	18 53	☽♌	
	23 13	☽△♂	G
31	10 33	☽#☉	G
We	13 09	☽#♀	G
	13 27	☽☍☉	B
	13 35	☽#♃	G
	13 39	☿♒	
	16 13	♀∥♃	
	22 48	☽☍♀	B

FEBRUARY

Date	Time	Aspect	
1	02 41	☽⚼♄	b
Th	05 00	☽□♃	B
	08 28	☿∥♇	
	10 58	☽△♅	G
	13 40	☉∥♃	
	17 30	☉⊻♆	
	19 13	☽♍	
	21 18	☉Q♅	
2	01 48	☽□♂	B
Fr	03 12	☽⚼♇	b
	03 21	☽△♄	G
	11 42	☽⚼♅	b
	15 49	☽∥♅	B
	16 29	☽☍♆	B
	16 57	☿Q♃	
	21 36	♀⊻♇	
3	00 19	☽#♆	D
Sa	00 37	♀∠♄	
	03 04	☽⚼☿	b
	04 23	☽△♇	G
	07 07	☽✱♃	G
	12 46	♂∠♇	
	15 57	☿✱♂	
	17 51	☿⊻♄	
	21 36	♂⊻♄	
	21 47	☽♎	
	21 49	☽⚼☉	b
4	06 07	♀□♃	
Su	06 50	☽□♄	B
	07 11	☽✱♂	G
	07 47	☿∥♂	
	08 29	☽△☿	G
	09 21	☽∠♃	b
	09 39	☽⚼♀	b
	20 17	☿⊥♆	
5	02 35	☽△☉	G
Mo	09 22	☽□♇	B
	11 26	☽∠♂	b
	12 34	☽⊻♃	g
	15 33	☽△♀	G
	18 46	☽☍♅	B
6	00 07	☽⚼♆	b
Tu	03 56	☽♏	
	08 57	☽∥♆	D
	14 05	☽✱♄	G
	16 50	☽⊻♂	g
	19 07	☽#♅	B
	23 45	☽□☿	B
7	01 37	♀✱♅	
We	04 37	☽△♆	G
	14 29	☿⊥♄	
	15 54	☽□☉	B
	18 16	☽✱♇	G
	19 12	☽∠♄	b
	19 22	♀⊥♇	
	21 57	☽☌♃	G
8	04 36	☽∥♀	G
Th	07 16	☽□♀	B
	11 57	☽∥☉	G
	12 37	☿⊻♆	
	13 53	☽♐	
	14 13	☿Q♅	
	21 29	☉⊻♇	
	23 59	☽∠♇	b
9	01 06	☽⊻♄	g
Fr	03 40	☉Q♂	
	06 40	☽☌♂	B
	09 44	☽∥♃	G
	10 13	☽⚼♅	b
	11 45	☉∠♄	
	16 04	☽□♆	B
	20 32	☽✱☿	G
	22 09	☽∥☿	G
10	06 16	☽⊻♇	g
Sa	09 14	☽✱☉	G
	10 21	☽⊻♃	g
	16 38	☽△♅	G
	23 19	♀♓	
	23 21	☉□♃	
11	02 21	☽♑	
Su	02 42	☽✱♀	G
	08 08	☽∠☿	b
	14 17	☽☌♄	B
	17 03	☽∠♃	b
	18 35	☽∠☉	b
	19 11	☿∥♃	
	22 44	☽⊻♂	g
12	05 08	☽✱♆	G
Mo	08 34	♂⚼♅	
	12 49	☽∠♀	b
	16 24	☿⊻♇	
	19 22	☽☌♇	D
	19 52	☽⊻☿	g
	22 56	♂∥♇	
	23 42	☽✱♃	G
13	03 47	☿∠♄	
Tu	03 52	☽⊻☉	g
	05 43	☽□♅	B
	06 48	☽∠♂	b
	11 36	☽∠♆	b
	15 11	☽♒	
	22 39	☿□♃	
	22 40	☽⊻♀	g
14	02 23	☉✱♅	

We	03 26	☽⚺♄	g
	11 31	☽∥♃	G
	14 29	☽⚹♂	G
	16 01	☿Q♂	
	17 44	☽⚺♆	g
15	00 07	☉⊥♇	
Th	03 58	♀∠♇	
	07 35	☽⚺♇	g
	07 44	☽∥☿	G
	09 28	☽∠♄	b
	12 00	☽□♃	B
	15 07	☿⚹♅	
	17 41	☽⚹♅	G
	18 06	☽☌☿	G
	21 05	☽ • ●	D
	23 19	♀⚹♄	
16	02 42	☽♓	
Fr	03 06	☿⊥♇	
	05 38	☽∥☉	G
	12 59	☽∠♇	b
	14 58	☽⚹♄	G
	16 36	☽☌♀	G
	20 18	☽∥♀	G
	22 54	☽∠♅	b
17	01 36	☽#♅	B
Sa	04 11	☽□♂	B
	04 31	☽☌♆	D
	11 20	♂□♆	
	12 27	☉☌☿	
	13 32	☽∥♆	D
	17 49	☽⚹♇	G
	22 13	☽△♃	G
18	03 34	☽⚺♅	g
Su	04 28	☿♓	
	11 38	☽⚺☉	g
	12 05	☽♈	
	13 20	☽⚺☿	g
	13 49	♀#♅	
	17 18	☉♓	
19	00 15	☽□♄	B
Mo	02 28	☽⚼♃	b
	03 13	♂⊥♇	
	07 31	☽⚺♀	g
	09 06	♀∠♅	
	13 03	☽⚺♆	g
	15 18	☽△♂	G
	17 48	☽∠☉	b
	21 41	☽∠☿	b
20	01 47	☽□♇	B
Tu	11 11	☽☌♅	B
	13 49	☽∠♀	b
	16 28	☽∠♆	b
	19 12	☽♉	
	19 53	☽⚼♂	b
	22 41	☽#♆	D
	23 16	☽⚹☉	G
21	03 05	☿∠♇	
We	03 12	☽#♀	G
	05 12	☽⚹☿	G
	07 14	☽△♄	G
	10 31	☽∥♅	B
	16 31	☽#☉	G
	18 11	☽#☿	G
	18 42	♀☌♆	
	19 19	☽⚹♆	G
	19 23	☽⚹♀	G
	20 23	☿⚹♄	
22	07 30	☽△♇	G
Th	09 53	☽⚼♄	b

	11 46	☽☍♃	B
	11 46	☉∥☿	
	16 35	☽⚺♅	g
	19 47	♂∥♄	
	19 52	♀∥♆	
23	00 07	☽♊	
Fr	08 09	☽□☉	B
	08 44	☿#♅	
	09 34	☽⚼♇	b
	17 51	☽□☿	B
	18 30	☽∠♅	b
	18 42	☽#♃	G
	22 50	☿∠♅	
	23 28	☽□♆	B
24	04 17	☉∠♇	
Sa	04 26	☽□♀	B
	05 57	☽☍♂	B
	08 02	☉#♅	
	19 58	☽⚹♅	G
25	03 06	☽♋	
Su	12 01	♀□♂	
	12 26	☿☌♆	
	14 40	☽△☉	G
	14 52	☽☍♄	B
	16 27	☽⚼♃	b
	17 46	☉⚹♄	
	23 53	☿∥♆	
26	01 51	☽△♆	G
Mo	03 49	☽△☿	G
	06 01	♀Q♄	
	11 15	☽△♀	G
	13 11	☽☍♇	B
	17 17	☽△♃	G
	17 17	☽⚼☉	b
	19 47	♀⊥♅	
	21 51	☽□♅	B
27	02 36	☽⚼♆	b
Tu	04 42	☽♌	
	08 10	☽⚼☿	b
	10 20	♀⚹♇	
	11 50	☽⚼♂	b
	14 10	☽⚼♀	b
	20 14	☽#♃	G
28	11 33	☿Q♄	
We	13 29	☽△♂	G
	17 16	☽⚼♄	b
	18 36	☽□♃	B
	19 37	☿⊥♅	
	23 13	☽△♅	G
	23 56	☿□♂	

MARCH

1	04 42	☿⚹♇	
Th	05 57	☽♍	
	11 22	♀△♃	
	14 23	☉∠♅	
	15 17	☽⚼♇	b
	15 32	♂⚺♇	
	18 10	☽△♄	G
2	00 09	☽⚼♅	b
Fr	00 30	☽∥♅	B
	00 51	☽☍☉	B
	02 58	☿∥♀	
	04 58	☽☍♆	B
	07 29	☉∥♆	
	12 59	☽#♆	D
	13 05	☿△♃	
	13 28	☽#☉	G
	16 26	☽△♇	G

	17 29	☽□♂	B
	20 40	☽⚹♃	G
	21 48	☽☍☿	B
	23 50	☽☍♀	B
3	08 20	☽♎	
Sa	10 31	☽#♀	G
	13 41	☽#☿	G
	19 31	♀⚺♅	
	21 20	☽□♄	B
	22 29	☽∠♃	b
4	02 49	☿⚺♅	
Su	09 50	☽∥☿	G
	13 54	☉☌♆	
	13 57	☽∥♀	G
	18 05	☿☌♀	
	20 36	☽□♇	B
5	00 01	☽⚹♂	G
Mo	01 03	☽⚺♃	g
	06 19	☽☍♅	B
	09 18	☽∥☉	G
	11 30	☽⚼♆	b
	13 13	☽⚼☉	b
	13 23	☽♏	
	15 40	☽∥♆	D
6	00 07	♂⚺♃	
Tu	03 31	☽⚹♄	G
	04 43	☽∠♂	b
	06 10	☽#♅	B
	07 34	☿♈	
	15 23	☽△♆	G
	16 32	☽⚼♀	b
	18 47	☽⚼☿	b
	19 27	☽△☉	G
	23 45	♀♈	
7	04 12	☽⚹♇	G
We	07 55	☿#♀	
	08 01	☽∠♄	b
	08 55	☽☌♃	G
	10 31	☽⚺♂	g
	22 03	☽♐	
	22 32	☿Q♇	
8	00 33	☽△♀	G
Th	04 15	☽△☿	G
	09 23	☽∠♇	b
	13 25	☽⚺♄	g
	19 06	☽∥♃	G
	20 15	☽⚼♅	b
9	01 52	☽□♆	B
Fr	04 45	♃Stat	
	05 54	♀Q♇	
	11 20	☽□☉	B
	15 19	☽⚺♇	g
	20 10	☽⚺♃	g
10	00 54	☽☌♂	B
Sa	02 27	☽△♅	G
	09 52	☽♑	
	14 24	☉Q♄	
	19 31	☽□♀	B
	19 39	☉#☿	
11	00 40	☉⊥♅	
Su	01 25	☽□☿	B
	02 05	☽☌♄	B
	02 33	☽∠♃	b
	07 00	☿□♄	
	10 40	☿⚼♃	
	11 23	♂△♅	
	11 56	☉⚹♇	
	14 43	☽⚹♆	G
12	04 15	☽☌♇	D

Mo	05 44	☽⚹☉	G
	09 00	☽⚹♃	G
	15 36	☽□♅	B
	16 56	☽⚺♂	g
	21 13	☽∠♆	b
	22 44	☽♒	
13	12 39	♀□♄	
Tu	13 55	♀⚼♃	
	14 45	☽∠☉	b
	15 05	☽⚺♄	g
	15 21	☽⚹♀	G
	18 17	☽∥♃	G
	20 06	☉△♃	
	21 36	☽⚹☿	G
14	00 34	☽∠♂	b
We	03 22	☽⚺♆	g
	05 07	☉#♀	
	11 03	♃∠♄	
	16 27	☽⚺♇	g
	20 53	☽□♃	B
	20 56	☽∠♄	b
	23 07	☽⚺☉	g
15	00 25	☽∠♀	b
Th	03 34	☽⚹♅	G
	06 05	☽∠☿	b
	07 06	☿#♆	
	07 32	☽⚹♂	G
	10 12	☽♓	
	21 40	☽∠♇	b
16	02 07	☽⚹♄	G
Fr	04 58	♂⊥♃	
	06 07	☽#♅	B
	08 33	☽⚺♀	g
	08 35	☽∠♅	b
	13 14	☽⚺☿	g
	13 46	☽☌♆	D
	18 06	☽#☿	G
	21 44	☿⚺♆	
	22 54	☽∥♆	D
17	02 09	☽⚹♇	G
Sa	06 11	☽△♃	G
	08 41	☉⚺♅	
	12 52	☽⚺♅	g
	13 12	☽☌☉	D
	14 04	☽#♀	G
	16 40	♂♑	
	18 57	☽♈	
	19 03	☽□♂	B
18	08 08	☽∥☉	G
Su	09 47	☽⚼♃	b
	10 19	☽□♄	B
	15 13	♀⚺♆	
	17 07	☽#☉	G
	21 21	☽⚺♆	g
	21 58	☽☌♀	G
	23 47	☽☌☿	G
19	09 05	☽□♇	B
Mo	17 23	☽∥♀	G
	19 29	☽☌♅	B
	23 55	☽⚺☉	g
20	00 15	☽∠♆	b
Tu	01 07	☽♉	
	01 51	☽#♆	D
	03 36	☽△♂	G
	04 03	☿☌♀	
	14 55	☽∥☿	G
	16 05	☽△♄	G
	16 15	☉♈	
	16 39	♀±♃	

	18 15	☽∥♅	B
21	02 42	☽⚹♆	G
We	04 21	☽∠☉	b
	06 27	☽⚺☿	g
	07 03	☽⚼♂	b
	08 24	☽⚺♀	g
	13 58	☽△♇	G
	17 21	☽☍♃	B
	18 19	☽⚼♄	b
22	00 13	☽⚺♅	g
Th	05 30	☽♊	
	05 57	♂Q♆	
	08 22	☽⚹☉	G
	08 44	☽∠☿	b
	12 54	☽∠♀	b
	15 55	☽⚼♇	b
	18 29	♀#♆	
	21 58	☽#♃	G
23	00 19	☿Stat	
Fr	02 08	☽∠♅	b
	06 39	☽□♆	B
	10 31	☽⚹☿	G
	15 04	♀⊥♆	
	17 07	☽⚹♀	G
	18 23	☉Q♇	
	23 17	♀□♇	
24	03 52	☽⚹♅	G
Sa	08 53	☽♋	
	15 35	☽□☉	B
	15 36	☽☍♂	B
	16 08	☉□♂	
	22 12	☽⚼♃	b
	23 37	☽☍♄	B
25	09 08	♀▽♃	
Su	09 52	☽△♆	G
	12 54	☽□☿	B
	20 41	☽☍♇	B
	23 32	☽△♃	G
26	00 58	☽□♀	B
Mo	06 58	☽□♅	B
	11 19	☽⚼♆	b
	11 45	☽♌	
	22 13	☽△☉	G
27	06 14	☽#♃	G
Tu	14 09	☽△☿	G
	15 11	☿∥♀	
	22 55	☽⚼♂	b
28	01 29	☽⚼☉	b
We	02 04	☽□♃	B
	03 59	☽⚼♄	b
	08 33	☽△♀	G
	09 26	☉⚼♃	
	09 54	☽△♅	G
	14 30	☽♍	
	14 34	☽⚼☿	b
	22 01	☿⚺♆	
29	00 47	♀☌♅	
Th	00 56	☽⚼♇	b
	01 24	☽△♂	G
	04 06	♀∥♅	
	05 30	☽△♄	G
	06 37	☽∥♀	G
	06 54	☽∥♅	B
	11 31	☽⚼♅	b
	12 30	☽⚼♀	b
	14 15	☽∥☿	G
	14 16	☉□♄	
	15 49	☽☍♆	B
30	00 21	☽#♆	D

Fr	02 35	☽△♇	G
	04 59	☽✱♃	G
	15 15	☽∥☉	G
	17 52	☽♎	
	23 45	♂∠♃	
31	03 15	♀∠♆	
Sa	04 54	♀♉	
	06 52	☽∠♃	b
	07 12	☽□♂	B
	09 22	☽□♄	B
	12 37	☽☍☉	B
	16 15	☽☍☿	B

APRIL

1	07 05	☽□♇	B
Su	09 16	☽⊻♃	g
	10 53	☽#☉	G
	17 53	☉☌☿	
	18 29	☽☍♅	B
	22 31	☽∥♆	D
	22 55	☽⚻♆	b
	22 57	☽♏	
2	00 56	☽#☿	G
Mo	03 17	☽☍♀	B
	15 18	☽✱♂	G
	15 19	☽✱♄	G
	15 44	♂☌♄	
	18 00	☽#♅	B
	22 01	☿#♆	
3	02 34	☽△♆	G
Tu	09 00	☽#♀	G
	14 09	☽✱♇	G
	16 06	☽☌♃	G
	19 25	☽∠♄	b
	20 37	☽∠♂	b
	21 40	☽⚻☿	b
4	05 47	☽⚻☉	b
We	06 55	☽♐	
	07 05	☿□♂	
	15 36	☉∥☿	
	18 54	☽∠♇	b
	22 10	☉⊻♆	
	22 11	☽∥♃	G
5	00 22	☽⊻♄	g
Th	00 51	☽△☿	G
	02 53	☽⊻♂	g
	07 39	☽⚻♅	b
	08 22	☿□♄	
	12 19	☽□♆	B
	13 31	☽△☉	G
	21 49	☉±♃	
6	00 27	☽⊻♇	g
Fr	02 04	☽⊻♃	g
	02 31	☽⚻♀	b
	13 36	☽△♅	G
	17 05	☿⊻♀	
	18 01	☽♑	
	22 08	☉#♆	
7	08 01	☽∠♃	b
Sa	09 15	☽□☿	B
	12 10	☽△♀	G
	12 19	☽☌♄	B
	13 36	♀△♄	
	17 41	☽☌♂	B
8	00 45	☽✱♆	G
Su	07 18	☽□☉	B
	12 56	☿⚻♃	
	13 03	☽☌♇	D
	14 14	☽✱♃	G

9	02 40	☽□♅	B
Mo	06 50	☽♒	
	07 18	☽∠♆	b
	19 16	☽✱☿	G
10	00 10	☿⊥♀	
Tu	01 12	☽⊻♄	g
	07 56	☽□♀	B
	08 59	☽∥♃	G
	09 17	☽⊻♂	g
	13 34	☽⊻♆	g
	20 37	☽#♀	G
11	00 14	☽∠☿	b
We	01 11	☽✱☉	G
	01 29	☽⊻♇	g
	02 09	☽□♃	B
	04 54	☉□♇	
	05 44	☉⊥♆	
	06 03	♀△♂	
	07 07	☽∠♄	b
	12 15	☉⊽♃	
	14 56	☽✱♅	G
	16 20	☽∠♂	b
	18 40	☽♓	
12	04 48	☽⊻☿	g
Th	06 48	☽∠♇	b
	09 00	☽∠☉	b
	11 54	☽#♅	B
	12 18	☽✱♄	G
	16 26	♀✱♆	
	19 59	☽∠♅	b
	20 39	☽#☉	G
	22 29	☽✱♂	G
13	00 08	☽☌♆	D
Fr	00 57	☽✱♀	G
	09 55	☽∥♆	D
	11 16	☽✱♇	G
	11 27	☽△♃	G
	15 44	☽⊻☉	g
	17 21	♀#♃	
14	00 10	☽⊻♅	g
Sa	03 26	☽♈	
	07 42	☽∠♀	b
	09 58	♃✱♇	
	12 12	☽☌☿	G
	13 13	☽#☿	G
	14 48	☽⚻♃	b
	17 27	♂✱♆	
	20 01	☽□♄	B
15	04 39	☽∥☿	G
Su	07 15	☽⊻♆	g
	07 46	☽□♂	B
	09 21	☿ Stat	
	13 20	☽⊻♀	g
	17 36	☽□♇	B
16	01 57	☽☌☉	D
Mo	05 59	☽☌♅	B
	07 23	☽#♆	D
	08 20	☿∠♀	
	08 51	☽♉	
	09 38	☽∠♆	b
	17 15	☽⊻☿	g
17	00 38	☽△♄	G
Tu	02 18	☉∥♅	
	04 11	☽∥♅	B
	04 21	☽∥☉	G
	07 00	♀☍♃	
	11 27	☽✱♆	G
	13 04	♀△♇	
	13 48	☽△♂	G

	19 10	☽∠☿	b
	20 40	☽☍♃	B
	21 18	☽△♇	G
	22 05	☽☌♀	G
18	01 46	♄ Stat	
We	02 09	☽⚻♄	b
	09 09	☽⊻☉	g
	09 28	☽⊻♅	g
	12 02	☽♊	
	14 00	☉☌♅	
	16 07	☽⚻♂	b
	20 57	☽✱☿	G
	21 31	☽#♃	G
	22 37	☽⚻♇	b
19	10 48	☽∠♅	b
Th	12 14	☽∠☉	b
	14 10	☽□♆	B
	21 23	♀⚻♄	
	21 56	☽∥♀	G
20	00 24	☿⚻♃	
Fr	03 13	☉♉	
	05 17	☽⊻♀	g
	12 05	☽✱♅	G
	14 26	☽♋	
	15 16	☽✱☉	G
	17 27	☉∠♆	
	23 48	☽⚻♃	b
21	00 42	☽□☿	B
Sa	05 49	☽☍♄	B
	08 53	☽∠♀	b
	16 44	☽△♆	G
	22 36	☽☍♂	B
22	00 56	☽△♃	G
Su	02 21	☽☍♇	B
	05 02	☽∥♀	G
	12 40	☽✱♀	G
	14 58	☽□♅	B
	15 26	♇ Stat	
	17 09	☽☊	
	18 06	♀Q♆	
	18 14	☽⚻♆	b
	21 46	☽□☉	B
23	05 32	☽△☿	G
Mo	16 34	♀⊻♅	
	19 26	☽#♃	G
24	03 44	☽□♃	B
Tu	05 13	♂✱♃	
	08 32	☽⚻☿	b
	10 29	☽⚻♄	b
	16 40	♀♊	
	18 40	☽△♅	G
	20 18	☽∥☉	G
	20 40	☽♍	
	21 03	☽□♀	B
25	05 17	☽△☉	G
We	06 35	☽⚻♂	b
	07 35	☽⚻♇	b
	11 07	☽∥♅	B
	12 30	☽△♄	G
	20 52	☽⚻♅	b
	21 28	☿□♄	
26	00 04	☽☍♆	B
Th	07 28	☽✱♃	G
	09 31	☽⚻☉	b
	09 38	☽#♆	D
	09 47	☽△♂	G
	09 49	☽△♇	G
	11 00	♂☌♇	
27	01 13	☽♎	

Fr	05 29	♀±♄	
	06 48	☽△♀	G
	07 50	♀#♇	
	09 45	☽∠♃	b
	10 19	☽∥☿	G
	17 21	☽□♄	B
	20 17	☽☍☿	B
28	04 47	☽#☿	G
Sa	12 21	☽⚻♀	b
	12 25	☽⊻♃	g
	15 19	☽□♇	B
	17 17	☽□♂	B
	20 52	♀⊥♅	
29	04 55	☽∥♆	D
Su	05 32	☽☍♅	B
	07 11	☽♏	
	08 41	☽⚻♆	b
	10 04	☉△♄	
	20 38	♀⚻♇	
	23 50	☽✱♄	G
30	00 58	☽☍☉	B
Mo	05 25	☽#♅	B
	06 04	♀#♄	
	12 31	☽△♆	G
	16 24	☿±♃	
	19 11	☽☌♃	G
	22 43	☽✱♇	G

MAY

1	02 56	☽✱♂	G
Tu	03 55	☽∠♄	b
	12 11	☽#☉	G
	14 05	☽⚻☿	b
	15 19	☽♐	
	21 52	☽∥♃	G
	22 57	♀#♂	
2	01 06	♀⚻♂	
We	02 24	♀⊽♄	
	03 23	☽∠♇	b
	08 39	☽⊻♄	g
	08 49	☽∠♂	b
	09 20	☽☍♀	B
	19 00	☽⚻♅	b
	21 58	☽△☿	G
	22 10	☽□♆	B
3	00 03	☿⊻♆	
Th	04 27	☽⊻♃	g
	08 43	☽⊻♇	g
	15 27	☽⊻♂	g
	23 00	☽⚻☉	b
4	00 50	☽△♅	G
Fr	02 06	☽♑	
	10 00	☽∠♃	b
	20 02	☽☌♄	B
5	02 31	☉#♃	
Sa	07 52	☽△☉	G
	10 17	☽✱♆	G
	11 05	☿⊽♃	
	16 00	☽✱♃	G
	16 38	☽□☿	B
	21 00	☽☌♇	D
6	06 20	☽☌♂	B
Su	13 34	☽⚻♀	b
	13 48	☽□♅	B
	13 56	☉✱♆	
	14 48	☽♒	
	15 59	♀∠♅	
	16 49	☽∠♆	b
7	06 23	♀±♇	

Mo	08 47	☽⊻♄	g
	08 52	☿□♇	
	19 30	☽#☉	G
	21 58	♀□♆	
	23 09	☿⊥♆	
	23 16	☽⊻♆	g
	23 25	☽△♀	G
8	02 09	☽□☉	B
Tu	03 33	☽∥♃	G
	04 11	☽□♃	B
	09 43	☽⊻♇	g
	12 50	☽✱☿	G
	14 53	☽∠♄	b
	21 12	☽⊻♂	g
9	00 39	☉☍♃	
We	00 57	☿#♆	
	02 29	☽✱♅	G
	03 11	☽♓	
	15 24	☽∠♇	b
	18 26	☽#♅	B
	18 36	♀⊽♃	
	20 22	☽✱♄	G
	22 10	☽∠☿	b
10	03 38	☽∠♂	b
Th	07 51	☽∠♅	b
	10 27	☽☌♆	D
	14 26	☽△♃	G
	16 18	☽#☿	G
	16 45	☽□♀	B
	17 58	☽✱☉	G
	20 13	☽✱♇	G
	21 28	☽∥♆	D
11	06 23	☽⊻☿	g
Fr	09 02	☽✱♂	G
	12 16	☽⊻♅	g
	12 40	☽♈	
	14 17	♂∥♄	
	18 13	☽⚻♃	b
	23 10	☉△♇	
12	00 08	☽∠☉	b
Sa	04 35	☽□♄	B
	05 05	♀⊽♇	
	13 30	☿□♂	
	17 56	☽⊻♆	g
13	02 54	☽□♇	B
Su	05 01	☽✱♀	G
	05 02	☽⊻☉	g
	05 25	☉⊻♀	
	10 50	☿☌♅	
	12 40	☿♉	
	15 44	☽#♆	D
	16 31	☽□♂	B
	17 16	♀±♂	
	18 05	☽☌♅	B
	18 15	☽♉	
	18 57	☽☌☿	G
	20 13	☽∠♆	b
14	06 28	☿∠♆	
Mo	06 50	♀±♃	
	07 55	☽∥☿	G
	08 58	☽△♄	G
	09 20	☽∠♀	b
	10 50	☉⚻♄	
	16 28	☽∥♅	B
	21 44	☽✱♆	G
15	00 08	☽☍♃	B
Tu	03 22	♂Q♃	
	06 05	☽△♇	G
	10 04	☽⚻♄	b

	11 48	☽☌☉	D
	12 46	☽⚺♀	g
	15 16	♅♉	
	20 30	☽△♂	G
	20 43	☽♊	
	20 44	☽⚺♅	g
	22 42	☽#♃	G
16 We	03 32	☽⚺☿	g
	04 55	♂♒	
	06 50	☽⚼♇	b
	07 04	♂□♅	
	20 51	☿∥♅	
	21 25	☽∠♅	b
	21 46	☽⚼♂	b
	23 16	☽□♆	B
17 Th	05 57	☽∥☉	G
	07 10	☽∠☿	b
	16 26	☽⚺☉	g
	18 18	☽☌♀	G
	21 47	☽♋	
	21 59	☽⚹♅	G
18 Fr	01 24	☽⚼♃	b
	10 51	☽⚹☿	G
	11 34	☽☍♄	B
	16 49	☿△♄	
	18 41	☽∠☉	b
19 Sa	00 23	☽△♆	G
	01 47	☽△♃	G
	06 17	☉Q♆	
	08 26	☽☍♇	B
	10 50	♂∠♆	
	13 11	♀♋	
	16 46	☽∥☉	G
	17 30	♀⚹♅	
	21 14	☽⚹☉	G
	23 11	☽♌	
	23 33	☽□♅	B
20 Su	00 05	☽⚺♀	g
	01 16	☽⚼♆	b
	01 37	☽☍♂	B
	19 31	☽□☿	B
21 Mo	02 06	♀▽♂	
	02 08	♀⚼♃	
	02 15	☉♊	
	03 30	☽□♃	B
	03 38	☽∠♀	b
	09 47	☽#♃	G
	09 47	☉⚺♅	
	14 29	☽⚼♄	b
	19 21	☽∥☿	G
22 Tu	02 03	☽♍	
	02 38	☽△♅	G
	03 49	☽□☉	B
	07 47	☽⚹♀	G
	12 35	☽⚼♇	b
	14 45	☽∥♅	B
	16 19	☽△♄	G
23 We	02 13	☿⚹♆	
	04 54	☽⚼♅	b
	05 54	☿☍♃	
	06 30	☽☍♆	B
	06 59	☽⚹♃	G
	07 10	☽△☿	G
	08 46	☉±♄	
	08 52	☽⚼♂	b
	14 55	☽△♇	G
	17 14	☽#♆	D
	18 13	☿#♃	
24	02 39	☉△♂	
Th	06 52	☽♎	
	09 28	☽∠♃	b
	12 19	☽△♂	G
	12 48	☽△☉	G
	14 19	☽⚼☿	b
	18 03	☽□♀	B
	21 28	☽□♄	B
25 Fr	09 52	♃△♆	
	12 25	☽⚺♃	g
	13 38	☿△♇	
	18 14	☽⚼☉	b
	21 04	☽□♇	B
26 Sa	06 40	♀☍♄	
	10 49	☽∥♆	D
	13 39	☽♏	
	13 43	☿⚼♄	
	14 42	☽☍♅	B
	16 10	☽⚼♆	b
	20 46	☽□♂	B
27 Su	00 35	☿∠♀	
	04 34	☽⚹♄	G
	06 55	☽△♀	G
	08 16	☉⚼♇	
	15 42	☽#♅	B
	19 48	☽☌♃	G
	20 23	☽△♆	G
	23 55	☉⊥♅	
28 Mo	05 12	☽⚹♇	G
	08 52	☽∠♄	b
	14 23	☽⚼♀	b
	17 25	☽☍☿	B
	21 26	☽∥♃	G
	22 29	☉#♇	
	22 29	☽♐	
29 Tu	05 05	☿Q♆	
	06 36	☉▽♄	
	07 20	☽⚹♂	G
	10 03	☽∠♇	b
	13 41	☽⚺♄	g
	14 20	☽☍☉	B
	23 49	☿♊	
30 We	01 49	☉#♂	
	05 09	☽⚼♅	b
	05 15	☽⚺♃	g
	05 55	♀Q♅	
	06 26	☽□♆	B
	08 22	☿⚺♅	
	13 27	☽∠♂	b
	15 27	☽⚺♇	g
	19 59	☿±♄	
31 Th	09 26	☽♑	
	10 45	☽∠♃	b
	11 02	☽△♅	G
	20 05	☽⚺♂	g
JUNE			
1 Fr	00 53	☽☌♄	B
	14 13	☿△♂	
	14 29	♀△♃	
	16 41	☽⚹♃	G
	16 57	☽☍♀	B
	18 29	☽⚹♆	G
	18 36	☿⚼♇	
2 Sa	03 37	☽☌♇	D
	05 18	☿⊥♅	
	05 39	☽⚼☿	b
	07 23	☿#♇	
	08 26	♀△♆	
	12 57	☿#♂	
	13 16	☿▽♄	
	16 09	☽⚼☉	b
	22 06	☽♒	
	23 58	☽□♅	B
3 Su	01 00	☽∠♆	b
	10 22	☽☌♂	B
	13 27	☽⚺♄	g
	13 30	☉#♄	
	19 06	☽△☿	G
	19 14	☿#♄	
	21 03	☉∥☿	
4 Mo	01 23	☽△☉	G
	05 10	☽□♃	B
	07 32	☽⚺♆	g
	16 31	☽⚺♇	g
	19 44	☽∠♄	b
	20 19	☽∥♃	G
5 Tu	10 53	☽♓	
	12 58	☽⚹♅	G
	13 43	☉±♇	
	13 51	☿⊥♀	
	20 10	☉▽♃	
	20 37	☿±♇	
	22 07	☽⚼♀	b
	22 32	☽∠♇	b
	23 21	☿▽♃	
6 We	00 09	☽⚺♂	g
	00 41	☽#♅	B
	01 35	☽⚹♄	G
	02 02	☉☌☿	
	02 25	♀☍♇	
	10 01	☿∠♅	
	14 07	☿□♆	
	16 38	☽△♃	G
	18 32	☽□☉	B
	18 42	☽∠♅	b
	19 25	☽☌♆	D
	19 35	☿∥♀	
	20 34	☽□☿	B
	20 54	☉∠♅	
7 Th	03 53	☽⚹♇	G
	05 58	☉□♆	
	06 03	☽∠♂	b
	06 35	☽△♀	G
	07 48	☽∥♆	D
	21 16	☽⚼♃	b
	21 26	☽♈	
	23 35	☽⚺♅	g
8 Fr	10 56	☽⚹♂	G
	10 57	☽□♄	B
	11 01	☉⊥♀	
	12 22	♂⚺♄	
	13 32	☿▽♇	
	14 10	☿±♃	
9 Sa	03 56	☽⚺♆	g
	06 54	☿⚼♂	
	07 29	☽⚹☉	G
	11 42	☽□♇	B
	16 03	☽⚹☿	G
	19 37	☽□♀	B
10 Su	01 37	☽#♆	D
	03 05	☉∥♀	
	04 04	☽♉	
	06 14	☽☌♅	B
	06 38	☽∠♆	b
	12 01	☽∠☉	b
	16 21	☽△♄	G
	17 21	☽□♂	B
	23 06	☽∠☿	b
11 Mo	05 14	☽☍♃	B
	05 40	☽∥♅	B
	08 22	☽⚹♆	G
	12 23	☿⚺♀	
	13 47	☉±♃	
	15 24	☽⚺☉	g
	15 31	☽△♇	G
	17 14	☉▽♇	
	17 38	☽⚼♄	b
12 Tu	03 29	☽⚹♀	G
	03 51	☽#♃	G
	04 39	☽⚺☿	g
	06 53	☽♊	
	09 04	☽⚺♅	g
	14 25	☿⚼♃	
	16 14	☽⚼♇	b
	19 51	♀#♄	
	20 00	☽△♂	G
	20 00	☿♋	
13 We	06 02	☽∠♀	b
	09 29	☽∠♅	b
	09 40	☽□♆	B
	11 41	☿⚹♅	
	19 43	☽☌☉	D
	20 27	☽⚼♂	b
	21 09	☿±♂	
	21 54	♀♌	
14 Th	06 20	☽⚼♃	b
	07 20	☽♋	
	08 07	☽⚺♀	g
	09 04	☉⚼♂	
	09 35	☽⚹♅	G
	13 02	☽☌☿	G
	18 09	☽☍♄	B
	22 59	♀#♂	
15 Fr	03 33	♀□♅	
	04 31	♀⚼♆	
	06 09	☽△♃	G
	09 39	☽△♆	G
	16 18	☽☍♇	B
	18 15	♀#♇	
	22 56	☽⚺☉	g
16 Sa	01 47	☿☍♄	
	07 21	☽♌	
	09 41	♅∠♆	
	09 45	☽⚼♆	b
	09 45	☽□♅	B
	12 14	☽☌♀	G
	20 45	☽⚺☿	g
	21 18	☽☍♂	B
17 Su	00 54	☽∠☉	b
	01 03	☿▽♂	
	06 23	☽□♃	B
	18 36	☽⚼♄	b
	22 49	☽#♃	G
18 Mo	01 20	☽∠☿	b
	03 25	☽⚹☉	G
	08 40	☽♍	
	11 19	☽△♅	G
	18 06	☽⚼♇	b
	18 12	☽⚺♀	g
	19 39	☽△♄	G
	19 45	☽∥♅	B
	23 29	♆Stat	
19 Tu	06 44	☽⚹☿	G
	08 33	☽⚹♃	G
	10 54	♀▽♄	
	12 49	☽☍♆	B
	13 01	☽⚼♅	b
	14 50	☿Q♅	
	19 43	☿△♃	
	19 52	☽△♇	G
	22 24	☽∠♀	b
20 We	00 17	☽#♆	D
	01 47	☽⚼♂	b
	08 04	☉⚼♃	
	10 38	☽∠♃	b
	10 51	☽□☉	B
	12 29	☽♎	
	23 48	☽□♄	B
21 Th	03 32	☽⚹♀	G
	03 58	☿△♆	
	04 38	☽△♂	G
	10 07	☉♋	
	13 28	☽⚺♃	g
	16 54	♀☍♂	
	20 29	☽□☿	B
22 Fr	01 34	☽□♇	B
	16 53	☽∥♆	D
	19 11	☽♏	
	21 50	☽△☉	G
	21 58	☽⚼♆	b
	22 25	☽☍♅	B
	22 44	♀±♆	
23 Sa	05 58	☉⚹♅	
	06 46	☽⚹♄	G
	09 26	☿☍♇	
	12 24	☽□♂	B
	16 34	☽□♀	B
	21 11	☽☌♃	G
24 Su	00 38	☽#♅	B
	02 22	☽△♆	G
	04 36	☽⚼☉	b
	08 08	♀±♄	
	10 00	☽⚹♇	G
	11 12	☽∠♄	b
	14 00	☽△☿	G
	14 45	☉∥☿	
	18 23	☉±♂	
	23 39	☽∥♃	G
25 Mo	04 29	☽♐	
	15 05	☽∠♇	b
	16 12	☽⚺♄	g
	17 19	♀□♃	
	22 32	☽⚹♂	G
	23 52	☽⚼☿	b
26 Tu	07 18	☽⚺♃	g
	07 24	☽#♀	G
	08 49	☽△♀	G
	12 53	☽□♆	B
	13 38	☽⚼♅	b
	14 09	♂∥♄	
	20 40	☽⚺♇	g
	21 04	♂Stat	
27 We	03 45	☿#♂	
	04 18	☽∠♂	b
	06 07	☿#♄	
	13 04	☽∠♃	b
	13 28	☉☍♄	
	15 52	☽♑	
	17 53	☽⚼♀	b
	19 41	☽△♅	G
28 Th	03 34	☽☌♄	B
	03 41	♀▽♆	
	04 53	☽☍☉	B
	10 24	☽⚺♂	g
	19 13	☽⚹♃	G
29	01 06	☽⚹♆	G

Fr	02	35	☿#♇	
	05	16	☿♌	
	08	58	☽☌♇	D
30	04	35	☿⚼♆	
Sa	04	37	☽♒	
	07	35	☽∠♆	b
	08	01	☽☍☿	B
	08	38	☽□♅	B
	13	01	☿□♅	
	16	04	☽⊻♄	g
	23	10	☽☌♂	B
	23	29	☉▽♂	
JULY				
1	08	03	☽□♃	B
Su	11	59	♀▽♇	
	14	05	☽⊻♆	g
	17	30	♀⚼♄	
	18	56	☽#♀	G
	21	52	☽⊻♇	g
	22	23	☽∠♄	b
	22	56	☽☍♀	B
2	07	14	☽∥♃	G
Mo	08	16	☽⚼☉	b
	17	31	☽♓	
	21	38	☽✱♅	G
	23	49	☿▽♄	
3	00	44	☉#♂	
Tu	04	04	☽∠♇	b
	04	27	☽✱♄	G
	06	03	☽#♅	B
	11	27	☽⊻♂	g
	16	58	☽△☉	G
	20	21	☽△♃	G
4	02	19	☽☌♆	D
We	03	36	☽∠♅	b
	09	47	☽✱♇	G
	14	28	☽⚼☿	b
	15	36	☽∥♆	D
	16	52	☽∠♂	b
5	01	43	☽⚼♃	b
Th	04	50	☽♈	
	08	54	☽⊻♅	g
	10	25	♀#♃	
	11	04	☉△♃	
	11	48	☿☍♂	
	14	56	☽□♄	B
	21	29	☽✱♂	G
	22	38	☽△☿	G
6	00	43	☽⚼♀	b
Fr	05	58	☉Q♅	
	07	51	☽□☉	B
	11	57	☽⊻♆	g
	16	31	♀±♇	
	18	54	☽□♇	B
	19	55	☿±♆	
7	07	09	☽△♀	G
Sa	10	30	☿±♄	
	11	14	☽#♆	D
	12	51	☽♉	
	15	22	☽∠♆	b
	16	45	☽☌♅	B
	21	59	☽△♄	G
	23	34	☉#♄	
8	03	52	☽□♂	B
Su	10	40	☽□☿	B
	12	31	☽☍♃	B
	14	42	☉△♆	
	17	34	☽∥♅	B

	17	47	☽✱♆	G
	18	01	☽✱☉	G
9	00	03	☽⚼♄	b
Mo	00	11	☽△♇	G
	02	47	☽∥♀	G
	09	14	☿□♃	
	12	48	☽#♃	G
	16	10	☽□♀	B
	16	58	☽♊	
	20	42	☽⊻♅	g
	21	20	☽∠☉	b
10	01	23	☽∥☿	G
Tu	01	27	☽⚼♇	b
	02	32	♀♍	
	06	27	☽△♂	G
	17	02	♃Stat	
	17	24	☽✱☿	G
	20	00	☽□♆	B
	21	26	☽∠♅	b
	23	43	☽⊻☉	g
11	06	38	☽⚼♂	b
We	07	25	♀Q♃	
	15	20	☽⚼♃	b
	17	59	☽♋	
	19	20	☽∠☿	b
	21	09	☽✱♀	G
	21	36	☽✱♅	G
12	01	38	☽☍♄	B
Th	03	26	♀△♅	
	07	52	☿▽♆	
	10	04	☉☍♇	
	12	52	♀∥♅	
	15	12	☽△♃	G
	19	56	☽△♆	G
	20	44	☽⊻☿	g
	22	50	☽∠♀	b
13	01	43	☽☍♇	B
Fr	02	48	☽☌●	D
	12	51	☉#♇	
	17	31	☽♌	
	18	13	☿#♃	
	19	37	☽⚼♆	b
	21	10	☽□♅	B
14	00	25	☽⊻♀	g
Sa	05	12	☽☍♂	B
	06	44	♀△♄	
	13	37	♀⚼♇	
	14	44	☽□♃	B
	23	12	☽☌☿	G
15	00	42	☽⚼♄	b
Su	05	42	☽⊻☉	g
	09	09	☽#♃	G
	14	24	☽∥☿	G
	17	31	☽♍	
	21	21	☽△♅	G
16	00	55	☽△♄	G
Mo	01	34	☽⚼♇	b
	02	21	☿⚼♄	
	03	18	☽∥♅	B
	04	35	☽☌♀	G
	07	52	☽∠☉	b
	07	56	♀▽♂	
	13	18	☽∥♀	G
	15	24	☿▽♇	
	15	34	☽✱♃	G
	20	24	☽☍♆	B
	22	13	☽⚼♅	b
17	02	29	☽△♇	G
Tu	03	04	☽⊻☿	g

	05	32	☽⚼♂	b
	07	51	☽#♆	D
	10	49	☽✱☉	G
	16	59	☽∠♃	b
	19	42	☽♎	
18	03	19	☽□♄	B
We	06	04	☽∠☿	b
	06	56	☽△♂	G
	11	55	☽⊻♀	g
	19	14	☽⊻♃	g
19	06	43	☽□♇	B
Th	09	54	☽✱☿	G
	17	13	☽∠♀	b
	19	52	☽□☉	B
20	00	05	☽∥♆	D
Fr	01	13	☽♏	
	03	30	☽⚼♆	b
	05	42	☽☍♅	B
	09	05	☽✱♄	G
	10	04	☽#♀	G
	12	12	☽□♂	B
	13	36	♄Q♆	
	19	42	♀±♂	
	23	40	☽✱♀	G
21	02	29	☽☌♃	G
Sa	03	08	☿∥♅	
	07	38	☽△♆	G
	07	55	☽#☿	G
	08	22	☽#♅	B
	13	16	☽∠♄	b
	14	28	☽✱♇	G
	20	00	☽□☿	B
22	06	24	☽∥♃	G
Su	09	18	☽△☉	G
	09	21	♀✱♃	
	10	12	☽♐	
	18	13	☽⊻♄	g
	19	32	☽∠♇	b
	20	37	☽✱♂	G
	21	00	☉♌	
23	12	58	☽⊻♃	g
Mo	15	35	☽□♀	B
	17	22	☽⚼☉	b
	18	07	☽□♆	B
	20	41	☽⚼♅	b
24	01	13	☽⊻♇	g
Tu	01	43	☽∠♂	b
	02	33	☉⚼♆	
	02	35	♀#♆	
	08	22	☽△☿	G
	10	49	☽#☉	G
	19	04	☽∠♃	b
	19	22	♀☍♆	
	21	49	☽♑	
25	02	49	☽△♅	G
We	05	46	☽☌♄	B
	07	14	☽⊻♂	g
	11	36	☉□♅	
	14	52	☽⚼☿	b
26	01	09	♀⚼♅	
Th	01	32	☽✱♃	G
	05	02	☿Stat	
	06	29	☽✱♆	G
	10	03	☽△♀	G
	13	41	☽☌♇	D
	21	40	☉▽♄	
27	05	13	☉☍♂	
Fr	10	41	☽♒	
	12	22	♀⚼♂	

	12	57	☽∠♆	b
	15	47	☽□♅	B
	18	24	☽⊻♄	g
	18	43	☽#☉	G
	18	48	☽☌♂	B
	19	36	☽⚼♀	b
	20	20	☽☍☉	B
28	01	26	♀△♇	
Sa	14	47	☽□♃	B
	16	40	♂⊻♄	
	19	22	☽⊻♆	g
29	00	42	☽∠♄	b
Su	02	31	☽⊻♇	g
	09	25	☽☍☿	B
	11	28	☽∥♃	G
	23	28	☽♓	
30	04	33	☽✱♅	G
Mo	06	07	☽⊻♂	g
	06	48	☽✱♄	G
	08	41	☽∠♇	b
	11	07	☽#♅	B
	19	35	☿⊻♀	
31	00	02	☽#☿	G
Tu	00	29	☉∠♀	
	03	23	☽△♃	G
	07	29	☽☌♆	D
	10	27	☽∠♅	b
	11	20	☽∠♂	b
	14	27	☽✱♇	G
	20	48	☽∥♆	D
	22	31	☽⚼☉	b
	22	42	☽☍♀	B
AUGUST				
1	09	02	☽⚼♃	b
We	10	54	☽♈	
	15	51	☽⊻♅	g
	16	05	☽✱♂	G
	17	45	☽□♄	B
	20	06	☉±♄	
	21	13	☽#♀	G
	23	35	☽⚼☿	b
2	02	39	♂□♅	
Th	06	03	☽△☉	G
	08	10	☉±♆	
	17	29	☽∥♀	G
	17	38	☽⊻♆	g
3	00	17	☽□♇	B
Fr	02	52	☽△☿	G
	15	09	♀±♅	
	15	13	☿⊥♀	
	19	21	☽#♆	D
	19	51	☽♉	
	21	38	☽∠♆	b
	23	38	☽□♂	B
4	00	33	☽☌♅	B
Sa	02	07	☽△♄	G
	16	36	☽∥☿	G
	18	18	☽□☉	B
	19	06	☽⚼♀	b
	21	50	☽☍♃	B
5	00	48	☽✱♆	G
Su	02	13	☽∥♅	B
	05	05	☽⚼♄	b
	05	15	☿▽♇	
	06	58	☽□☿	B
	07	03	☽△♇	G
	23	46	☽△♀	G
6	00	15	☽#♃	G

Mo	01	32	☽♊	
	04	08	☽△♂	G
	05	57	☽⊻♅	g
	09	11	☽⚼♇	b
	09	13	♀∠♃	
	10	42	☽∥☉	G
	18	53	☿⚼♄	
	23	27	☉□♃	
	23	27	♀♎	
7	02	23	☽✱☉	G
Tu	04	38	☽□♆	B
	05	14	☽⚼♂	b
	07	25	☽∠♅	b
	07	54	☽✱☿	G
	16	50	♅Stat	
8	00	33	♀△♂	
We	03	15	☽⚼♃	b
	04	01	☽♋	
	05	02	☽∠☉	b
	06	09	☽□♀	B
	07	25	☽∠☿	b
	08	12	☽✱♅	G
	09	15	☽☍♄	B
	11	10	☉▽♆	
	17	00	☿∠♀	
	22	45	♂∠♆	
9	02	06	☉☌☿	
Th	03	43	☽△♃	G
	05	42	☽△♆	G
	06	27	☽⊻☿	g
	07	00	☽⊻☉	g
	11	21	☽☍♇	B
	11	57	♀▽♅	
	21	29	☿▽♆	
10	01	34	♀□♄	
Fr	04	18	☽♌	
	05	12	☽☍♂	B
	05	36	☽⚼♆	b
	08	21	☽□♅	B
	09	49	☽✱♀	G
	16	55	☿∥♅	
	19	07	☉⚼♄	
	21	15	☉#♃	
11	03	46	☽□♃	B
Sa	03	54	☽☌☿	G
	06	31	☿□♃	
	08	59	☽⚼♄	b
	09	58	☽☌●	D
	11	18	☽∠♀	b
	16	17	☽#♃	G
	18	06	☽∥☉	G
12	01	28	☉▽♇	
Su	03	59	☽♍	
	08	04	☽△♅	G
	08	51	☽△♄	G
	09	56	☽∥☿	G
	10	53	☽⚼♇	b
	12	59	☽⊻♀	g
	13	15	☽∥♅	B
13	01	53	☽⊻☿	g
Mo	02	14	♂♑	
	04	09	☽✱♃	G
	04	10	☽⚼♂	b
	05	25	☽☍♆	B
	08	21	☽⚼♅	b
	11	12	☽△♇	G
	13	37	☽⊻☉	g
	16	19	☽#♆	D
14	01	37	☽∠☿	b

Tu	04 37	☽△♂	G
	04 49	☽#♀	G
	04 57	☽♎	
	05 04	☽∠♃	b
	09 56	☽□♄	B
	16 29	☽∠☉	b
	18 05	☽☌♀	G
15	02 09	☽⚹☿	G
We	06 47	☽⊻♃	g
	13 51	☽□♇	B
	20 22	☽⚹☉	G
	23 48	☽∥♀	G
16	03 07	☉∥☿	
Th	06 56	♀⊥♃	
	07 56	☽□♂	B
	08 54	☽♏	
	08 57	☽∥♆	D
	10 07	☽⚼♆	b
	13 27	☽☍♅	B
	14 06	☽⚹♄	G
17	03 15	☽⊻♀	g
Fr	06 18	☽□☿	B
	13 06	☽☌♃	G
	13 32	☽△♆	G
	15 19	☽#♅	B
	17 40	☽∠♄	b
	20 12	☽⚹♇	G
18	00 10	☽#☉	G
Sa	04 21	☉±♇	
	07 49	☽□☉	B
	09 36	☽#☿	G
	09 41	☽∠♀	b
	15 07	☽⚹♂	G
	15 35	☿⚹♀	
	16 45	☽♐	
	18 14	☽∥♃	G
	22 11	☽⊻♄	g
19	00 50	☽∠♇	b
Su	04 24	☿ Stat	
	07 44	♃△♆	
	15 13	☽△☿	G
	17 14	☽⚹♀	G
	17 41	♀∥♆	
	20 06	☽∠♂	b
	23 12	☽□♆	B
	23 22	☽⊻♃	g
20	02 59	☽⚼♅	b
Mo	06 17	☽⊻♇	g
	21 24	☽⚼☿	b
	23 47	☽△☉	G
21	01 47	☽⊻♂	g
Tu	04 00	☽♑	
	05 39	☽∠♃	b
	09 01	☽△♅	G
	09 33	☽☌♄	B
	22 52	☉∇♂	
22	03 47	☉∥♅	
We	08 49	☽⚼☉	b
	10 36	☽□♀	B
	11 27	☽⚹♆	G
	12 21	☽⚹♃	G
	18 46	☽☌♇	D
	21 10	♀∇♆	
23	04 09	☉♍	
Th	12 04	♀⊻♃	
	14 19	☽☌♂	B
	16 56	☽♒	
	17 55	☽∠♆	b
	21 55	☽□♅	B

	22 24	☽⊻♄	g
24	20 27	☽☍☿	B
25	00 17	☽⊻♆	g
Sa	01 56	☽□♃	B
	04 39	☽△♀	G
	04 45	☽∠♄	b
	07 35	☽⊻♇	g
	10 47	☽∥♃	G
	11 26	☽#☿	G
	16 38	☉△♅	
	22 07	☉△♄	
26	02 47	☽⊻♂	g
Su	05 32	☽♓	
	10 22	☽⚹♅	G
	10 49	☽⚹♄	G
	11 56	☽☍☉	B
	13 10	☽⚼♀	b
	13 37	☽∠♇	b
	17 17	☽#♅	B
	19 21	♀□♇	
27	00 29	☿∇♆	
Mo	04 18	☽#☉	G
	04 45	☽∥♀	G
	06 41	☉#♀	
	08 34	☽∠♂	b
	08 41	☉⚼♇	
	12 04	☽☌♆	D
	14 05	♂ Stat	
	14 25	☽△♃	G
	16 01	☽∠♅	b
	19 14	☽⚹♇	G
	19 24	♂Q♃	
	22 54	☉±♂	
	23 26	☉Q♃	
28	00 47	☽∥♆	D
Tu	05 32	☿□♃	
	13 54	☽⚹♂	G
	14 07	♀Q♄	
	16 35	☽♈	
	19 57	☽⚼♃	b
	21 11	☽⊻♅	g
	21 15	☽⚼☿	b
	21 37	☽□♄	B
29	00 57	☿⚼♄	
We	10 24	♀±♆	
	21 56	☽⊻♆	g
30	03 40	☿∇♇	
Th	04 54	☽□♇	B
	05 02	☽△☿	G
	10 34	☽⚼☉	b
	10 56	☽☍♀	B
	23 04	☽□♂	B
31	01 30	☽♉	
Fr	02 02	☽∠♆	b
	02 04	☽#♆	D
	04 38	♀#♅	
	05 50	☽☌♅	B
	06 17	☽△♄	G
	12 19	☽∥☉	G
	16 42	☽△☉	G
	20 09	☉∠♀	
SEPTEMBER			
1	05 33	☽⚹♆	G
Sa	07 07	☽∥♅	B
	09 06	☽☍♃	B
	09 44	☽⚼♄	b
	10 24	☽#♀	G
	12 16	☽△♇	G

	19 07	☽□☿	B
2	01 45	☽∥☿	G
Su	05 56	☽△♂	G
	08 02	☽♊	
	12 05	☽⊻♅	g
	13 12	☽#♃	G
	15 01	☽⚼♇	b
3	01 59	☽⚼♀	b
Mo	02 37	☽□☉	B
	03 54	☿±♇	
	08 28	☽⚼♂	b
	10 41	☽□♆	B
	12 58	☿⚹♀	
	14 17	☽∠♅	b
	17 42	♃∠♄	
4	05 27	☽△♀	G
Tu	06 37	☽⚹☿	G
	12 03	☽♋	
	14 26	☿#♀	
	15 52	☽⚹♅	G
	16 22	☽☍♄	B
	16 36	☽⚼♃	b
5	08 49	☉#♆	
We	09 31	☽⚹☉	G
	11 20	☽∠☿	b
	13 27	☽△♆	G
	15 18	☿∇♂	
	17 55	☽△♃	G
	19 41	☽☍♇	B
6	02 39	☿♍	
Th	10 20	☽□♀	B
	11 09	♄ Stat	
	12 01	☽∠☉	b
	12 43	☽☍♂	B
	13 54	☽♌	
	14 05	☽⚼♆	b
	15 28	☽⊻☿	g
	17 30	☽□♅	B
7	00 07	☉⚼♂	
Fr	07 41	☿△♅	
	12 20	☿△♄	
	14 07	☽⊻☉	g
	18 23	☽⚼♄	b
	18 27	☉☍♆	
	19 21	☽□♃	B
	19 40	☽#♃	G
8	02 17	☿∥♅	
Sa	05 14	☽#♀	G
	05 45	☿⚼♇	
	13 31	☽⚹♀	G
	14 29	☽♍	
	17 58	☽△♅	G
	18 36	☽△♄	G
	20 38	♀□♂	
	20 45	☽⚼♇	b
	22 54	☽☌☿	G
9	00 33	☽∥♅	B
Su	04 06	☽∥☿	G
	04 47	☿±♂	
	09 25	♀♏	
	10 31	♀⚼♆	
	14 17	☿Q♃	
	14 20	☽⚼♂	b
	14 48	☽☍♆	B
	15 02	☽∠♀	b
	18 01	☽☌☉	D
	18 14	☽⚼♅	b
	20 23	☽⚹♃	G
	21 00	☉⚼♅	

	21 03	☽△♇	G
10	01 15	☽#♆	D
Mo	10 36	☽∥☉	G
	15 12	☽△♂	G
	15 20	☽♎	
	16 51	☽⊻♀	g
	19 34	☽□♄	B
	21 19	☽∠♃	b
	23 41	♂∠♆	
11	00 56	♂♒	
Tu	07 25	☽⊻☿	g
	12 10	☉⚹♃	
	15 31	☉△♇	
	22 51	☽⊻♃	g
	22 58	☽□♇	B
	23 31	☽⊻☉	g
12	05 45	☽#☉	G
We	07 55	♃⚹♇	
	09 02	♀☍♅	
	13 02	☽∠☿	b
	16 52	♀∥♃	
	18 09	☽⚼♆	b
	18 15	☽♏	
	18 52	☽□♂	B
	19 15	☽∥♆	D
	21 50	☽☍♅	B
	22 31	☽☌♀	G
	22 47	☽⚹♄	G
13	02 55	☽#☿	G
Th	03 37	☽∠☉	b
	03 58	♀⚹♄	
	20 02	☽⚹☿	G
	20 50	☽△♆	G
	22 01	☽#♅	B
14	01 31	☿☍♆	
Fr	01 43	☽∠♄	b
	03 59	☽⚹♇	G
	04 33	☽☌♃	G
	08 54	☽⚹☉	G
	11 53	☿⚼♂	
15	00 45	☽♐	
Sa	00 47	☿#♆	
	02 23	☽⚹♂	G
	03 45	☿⚼♅	
	05 40	☽⊻♄	g
	07 59	☽∠♇	b
	08 14	☽⊻♀	g
	10 35	☽∥♃	G
	19 02	☽∥♀	G
16	02 54	☿△♇	
Su	05 12	☽□♆	B
	07 47	☽∠♂	b
	09 18	☽⚼♅	b
	11 51	☿⚹♃	
	12 57	☽⊻♇	g
	14 04	☿∠♀	
	14 22	☽⊻♃	g
	14 43	☽∠♀	b
	14 48	☽□☿	B
	23 15	☽□☉	B
17	11 07	☽♑	
Mo	14 07	☽⊻♂	g
	14 57	☽△♅	G
	16 25	☽☌♄	B
	20 38	☽∠♃	b
	22 03	☽⚹♀	G
18	16 54	☽⚹♆	G
Tu	20 33	☉±♅	
	23 01	♂□♅	

19	01 03	☽☌♇	D
We	03 25	☽⚹♃	G
	11 22	♂Q♃	
	14 20	☽△☿	G
	17 10	☽△☉	G
	21 07	☿±♅	
	23 21	☽∠♆	b
	23 52	☽♒	
20	03 35	☽□♅	B
Th	04 23	☽☌♂	B
	05 21	☽⊻♄	g
	09 15	☽∥♀	G
	11 20	♀Q♇	
	13 46	☽□♀	B
21	01 43	♄Q♆	
Fr	01 52	☉☌☿	
	02 24	☽⚼☉	b
	02 27	☽⚼☿	b
	05 44	☽⊻♆	g
	07 40	☽∥♃	G
	11 50	☽∠♄	b
	13 57	☽⊻♇	g
	17 13	☽□♃	B
	21 20	♂⊻♄	
22	03 39	☿♎	
Sa	12 27	☽♓	
	15 56	☽⚹♅	G
	17 56	☽⚹♄	G
	18 26	☽⊻♂	g
	19 57	☽∠♇	b
23	01 53	☽#♅	B
Su	01 54	☉♎	
	02 46	☿∇♅	
	04 22	☽△♀	G
	07 17	☿⊥♀	
	13 30	☉#☿	
	16 46	☿□♄	
	17 22	☽☌♆	D
	21 24	☽∠♅	b
24	00 44	☽∠♂	b
Mo	01 24	☽⚹♇	G
	01 29	☿△♂	
	05 26	☽△♃	G
	05 41	☽∥♆	D
	10 38	☽⚼♀	b
	12 10	☉∥☿	
	19 09	☉∇♅	
	23 04	☽♈	
25	02 15	☽⊻♅	g
Tu	02 52	☽☍☉	B
	04 27	☽□♄	B
	06 23	☽⚹♂	G
	10 12	☽☍☿	B
	10 36	☽⚼♃	b
	12 29	☽∥☿	G
	13 19	☿∠♃	
	14 26	☽∥☉	G
	23 50	☉□♄	
26	01 46	☽#☉	G
We	02 40	☽⊻♆	g
	05 40	☽#☿	G
	09 02	☉⊥♀	
	10 28	☽□♇	B
27	06 26	☽∠♆	b
Th	07 16	☽♉	
	08 44	☽#♆	D
	10 11	☽☌♅	B
	12 35	☽△♄	G
	13 48	☿⊻♀	

	15 50	☽□♂	B
	23 34	☉△♂	
28	01 02	☽☍♀	B
Fr	09 43	☽⚹Ψ	G
	10 03	☽∥♅	B
	15 52	☽⚼♄	b
	17 20	☽△♇	G
	20 46	☽⚼☉	b
	22 36	☽☍♃	B
29	09 22	☽⚼☿	b
Sa	13 26	☽♊	
	15 12	♂∥♄	
	16 07	☽⊻♅	g
	20 06	☽⚼♇	b
	23 16	☽△♂	G
30	01 34	☽△☉	G
Su	03 11	☉∠♃	
	03 39	☽#♃	G
	10 22	☿∇Ψ	
	14 58	☽□Ψ	B
	15 38	☽△☿	G
	18 29	☽∠♅	b

OCTOBER

1	02 04	♇ Stat	
Mo	02 22	☽⚼♂	b
	10 11	☽⚼♀	b
	10 25	☿⊥♃	
	18 00	☽♋	
	20 29	☽⚹♅	G
	23 18	☽☍♄	B
2	06 36	☽⚼♃	b
Tu	09 45	☽□☉	B
	12 18	☽△♀	G
	18 46	☽△Ψ	G
3	00 03	☿□♇	
We	01 06	☿∥Ψ	
	02 10	☽☍♇	B
	02 27	☽□☿	B
	08 33	☽△♃	G
	20 11	☽⚼Ψ	b
	21 07	♂∥♇	
	21 12	☽☊	
	23 29	☽□♅	B
	23 55	☿±Ψ	
4	01 36	☉⊻♀	
Th	09 31	☽☍♂	B
	11 32	☿Q♄	
	15 22	☽□♀	B
	16 19	☽⚹☉	G
	18 48	☽#♃	G
5	03 43	☽⚼♄	b
Fr	05 58	♀∥♂	
	11 20	☽⚹☿	G
	11 34	☽□♃	B
	13 39	☿⊻♃	
	19 04	♀ Stat	
	19 09	☽∠☉	b
	23 19	☽♍	
6	01 26	☽△♅	G
Sa	04 43	☽△♄	G
	05 34	☽⚼♇	b
	11 46	☽∥♅	B
	15 20	☽∠☿	b
	17 16	☽⚹♀	G
	17 56	♂⊥Ψ	
	20 19	☽#☿	G
	21 51	☽⊻☉	g
	23 04	☽☍Ψ	B
7	02 15	☽⚼♅	b
Su	06 27	☽△♇	G
	09 40	☽#Ψ	D
	14 03	☽⚹♃	G
	14 40	☽⚼♂	b
	15 17	☉∇Ψ	
	16 38	☽#☉	G
	18 06	☽∠♀	b
	19 21	☽⊻☿	g
8	01 10	☽♎	
Mo	06 47	☽□♄	B
	15 29	☽∠♃	b
	16 34	☽△♂	G
	19 04	☽⊻♀	g
9	03 47	☽☌☉	D
Tu	04 19	☿#♅	
	04 24	♂⊥♄	
	08 50	☽□♇	B
	13 15	☿⚼Ψ	
	17 21	☽⊻♃	g
10	00 40	☿♏	
We	02 51	☽⚼Ψ	b
	03 16	☽∥☉	G
	04 09	☽♏	
	04 36	☽☌☿	G
	05 59	☽∥Ψ	D
	06 05	☽☍♅	B
	10 12	☽⚹♄	G
	17 36	☿☍♅	
	22 02	☽□♂	B
	22 15	☽☌♀	G
11	02 29	♀□♂	
Th	04 46	☽#♅	B
	05 12	☽△Ψ	G
	11 24	☉⊥♃	
	12 12	☽⊻☉	g
	12 56	☽∠♄	b
	13 23	☽⚹♇	G
	13 47	☉∥Ψ	
	14 28	☽∥☿	G
	23 12	☽☌♃	G
12	04 11	☉□♇	
Fr	08 20	☿⚹♄	
	09 53	☽♐	
	16 34	☽⊻♄	g
	16 55	☽∠♇	b
	17 37	☽⊻☿	g
	17 59	☽∠☉	b
13	04 09	☽⊻♀	g
Sa	06 21	☽∥♃	G
	07 06	☽⚹♂	G
	12 32	☽□Ψ	B
	13 46	☉±Ψ	
	16 00	☽⚼♅	b
	21 25	☽⊻♇	g
14	00 58	☽⚹☉	G
Su	02 06	☽∠☿	b
	08 17	☽∠♀	b
	08 50	☽⊻♃	g
	09 06	☽∥♂	B
	11 28	☿Q♇	
	13 14	☽∠♂	b
	19 17	☽♑	
	21 07	☽△♅	G
15	02 40	☽☌♄	B
Mo	03 42	☉Q♄	
	11 47	☽⚹☿	G
	13 05	☽⚹♀	G
	15 01	☽∠♃	b
	20 17	☽⊻♂	g
	20 21	☿☌♀	
	23 26	☽⚹Ψ	G
16	08 54	☽☌♇	D
Tu	18 02	☽□☉	B
	21 49	☽⚹♃	G
17	05 46	☽∠Ψ	b
We	07 36	☽♒	
	09 17	☽□♅	B
	12 05	☽∥♂	B
	15 31	☽⊻♄	g
	23 44	☽□♀	B
18	03 45	☽∥♃	G
Th	09 10	☽□☿	B
	11 50	☽☌♂	B
	12 13	☽⊻Ψ	g
	16 40	☽∥☿	G
	20 30	♂⊻Ψ	
	21 52	☽⊻♇	g
	22 09	☽∠♄	b
19	02 01	☉⊻♃	
Fr	09 47	☿△Ψ	
	11 45	☽□♃	B
	12 27	☽△☉	G
	17 23	☿□♂	
	20 20	☽♓	
	21 47	☽⚹♅	G
20	04 01	☽∠♇	b
Sa	04 07	♀Q♇	
	04 26	☽⚹♄	G
	09 44	☽△♀	G
	13 01	☽#♅	B
	17 22	☽∥☉	G
	20 57	☽⚼☉	b
21	00 07	☽☌Ψ	D
Su	02 28	☽⊻♂	g
	03 20	☽∠♅	b
	05 14	☽△☿	G
	09 33	☽⚹♇	G
	11 25	☿∥♃	
	12 50	☽∥Ψ	D
	13 52	☽⚼♀	b
	21 17	☿∥♂	
	23 47	☽△♃	G
22	06 58	☽♈	
Mo	08 10	☽⊻♅	g
	08 39	☽∠♂	b
	11 16	☉⚼Ψ	
	13 43	☽⚼☿	b
	14 13	☉#♅	
	14 35	♂∥♃	
	14 59	☽□♄	B
	19 14	☿⚹♇	
23	01 49	☿∠♄	
Tu	04 37	☽⚼♃	b
	09 15	☽⊻Ψ	g
	10 39	☿∥♀	
	11 22	☉♏	
	13 58	☽⚹♂	G
	18 18	☽□♇	B
24	00 47	☉☍♅	
We	12 41	☽∠Ψ	b
	12 52	♀⚹♄	
	14 33	☽♉	
	15 31	☽☌♅	B
	16 45	☽☍☉	B
	16 54	☽#Ψ	D
	22 00	☽☍♀	B
	22 27	☽△♄	G
25	14 02	♀∥♃	
Th	14 07	☽∥♅	B
	15 30	☽⚹Ψ	G
	20 58	☽#☉	G
	22 18	☽□♂	B
26	00 15	☽△♇	G
Fr	01 15	☽⚼♄	b
	08 46	☽☍☿	B
	14 16	☉☌♀	
	14 49	☽☍♃	B
	19 41	☽♊	
	20 27	☽⊻♅	g
27	02 15	♂Q♅	
Sa	02 30	☽⚼♇	b
	09 10	☽#♂	B
	12 43	☽#♀	G
	19 48	☽□Ψ	B
	20 39	☽#♃	G
	22 21	☽∠♅	b
28	00 19	♂⊻♇	
Su	01 29	☽⚼♀	b
	02 52	☉⚹♄	
	04 37	☽△♂	G
	05 51	☽⚼☉	b
	23 27	☽♋	
29	00 03	☽⚹♅	G
Mo	02 10	☽△♀	G
	07 25	☽⚼♂	b
	07 32	☽☍♄	B
	09 34	☽△☉	G
	10 47	♂∠♄	
	11 05	☿☌♃	
	14 34	☿∥♇	
	21 32	☽⚼♃	b
	22 25	☽⚼☿	b
	23 12	☽△Ψ	G
	23 41	♀∥♂	
30	05 31	☿⊥♄	
Tu	07 53	☽☍♇	B
	11 08	☉Q♇	
	23 32	☽△♃	G
31	00 46	☽⚼Ψ	b
We	02 31	☽△☿	G
	02 42	☽☊	
	03 09	☽□♅	B
	03 21	☽□♀	B
	04 38	☿♐	
	08 45	♀☍♅	
	09 21	☿⊻♀	
	09 36	☿∇♅	
	13 41	☿∥♄	
	14 19	☽#♃	G
	16 40	☽□☉	B
	19 42	♀♎	

NOVEMBER

1	12 01	☽#♂	B
Th	12 44	☽⚼♄	b
	15 22	☽☍♂	B
	15 50	☽#♀	G
2	00 25	☽#☉	G
Fr	03 25	☽□♃	B
	04 32	☽⚹♀	G
	05 48	☽♍	
	06 06	☽△♅	G
	10 24	☽□☿	B
	12 38	☽⚼♇	b
	14 26	☽△♄	G
	21 39	☽∥♅	B
	23 40	☽⚹☉	G
3	00 17	♀⚼Ψ	
Sa	01 22	♀⊻♃	
	05 11	☽∠♀	b
	05 21	☽☍Ψ	B
	07 36	☽⚼♅	b
	13 59	☿∠♇	
	14 15	☽△♇	G
	14 49	☉∥♀	
	16 54	☽#Ψ	D
	21 35	☿⊥♀	
4	03 16	☽∠☉	b
Su	05 58	☽⊻♀	g
	07 26	☽⚹♃	G
	09 01	☽♎	
	16 01	☿⊻♄	
	18 02	☽□♄	B
	18 12	☽⚹☿	G
	23 33	☽⚼♂	b
5	05 04	☉∥♂	
Mo	07 04	☽⊻☉	g
	07 47	♃⊥♄	
	09 41	☽∠♃	b
	10 05	☿±♅	
	17 56	☽□♇	B
	22 19	☽∠☿	b
6	02 43	☽△♂	G
Tu	06 40	☉△Ψ	
	08 19	☽☌♀	G
	10 55	☽⚼Ψ	b
	12 16	☽⊻♃	g
	13 02	☽♏	
	13 03	☽☍♅	B
	15 43	☽∥Ψ	D
	19 00	♅♈	
	22 39	☽⚹♄	G
7	02 48	☽⊻☿	g
We	11 21	☽#♅	B
	13 30	☽△Ψ	G
	16 02	☽☌☉	D
	19 21	♂⊥♇	
	23 06	☽⚹♇	G
8	01 42	☽∠♄	b
Th	02 16	☽∥♀	G
	06 20	♃∇♅	
	10 42	☽□♂	B
	11 43	☽∥♂	B
	12 36	☽⊻♀	g
	12 38	♃♐	
	18 59	☽♐	
	19 06	☽☌♃	G
9	01 52	☽∥☉	G
Fr	02 38	☽∠♇	b
	05 27	☽⊻♄	g
	13 37	☽☌☿	G
	15 12	♀△♂	
	15 50	☽∠♀	b
	20 41	☽□Ψ	B
	22 49	☽⚼♅	b
10	04 11	☽⊻☉	g
Sa	04 39	☽∥♃	G
	06 57	☽⊻♇	g
	17 26	☿∠♀	
	19 55	☽⚹♀	G
	21 59	☽⚹♂	G
11	03 35	☽△♅	G
Su	03 55	☽♑	
	05 04	☽⊻♃	g
	11 48	☽∠☉	b

	15 22	☉⚹♇			11 54	☽△♄	G		09 47	☽△♃	G	Fr	04 42	☽□♆	B		19 21	☽□♄	B
	15 25	☽☌♄	B		17 57	☽⧧♀	G		11 08	☽♍			05 11	☽⧧♅	b	17	03 27	☽⧸♆	g
12	03 17	☽⧹☿	g		19 51	☉▽♅			14 42	☽□☿	B		07 20	☽☌☉	D	Mo	06 57	♂⚹♇	
Mo	05 01	☽⧸♂	b		21 12	☽∥♅	B		18 59	☽□♇	b		11 19	♂∥♆			14 14	☽□♀	b
	07 01	☽⚹♆	G	22	00 01	☽⚹♆	B		19 11	☽□♃	B		12 37	☽⧹♀	b		15 20	☽□♇	b
	11 16	☽⧸♃	b	Th	01 10	☽⧧♂	B		22 24	☿⊥♄			14 11	♂☌♆			15 46	☽⧹♂	B
	17 57	☽⧸♇	D		04 49	☉∥♃		30	00 03	☉⧹♄			15 58	☉∥♄			19 10	☿±♅	
	20 21	☽⚹☉	G		09 01	☉⧸		Fr	00 18	☽△♄	G		16 20	☽⧹♇	g		22 00	☽☌♂	B
13	06 32	☽□♀	B		09 59	☽△♇	b		00 19	☽□☉	B		22 52	♂⧸♃			22 05	☽□♃	b
Tu	10 51	☽⧸☿	b		13 13	☿⧹♀			02 19	☽☌♂	B	8	05 50	☽∥♃	G	18	02 27	☽△☉	G
	11 42	☉⧹♄			14 20	☽□♄	b		03 51	♀□♃		Sa	07 02	☽⧹♇	g	Tu	02 54	☿⧸♇	
	12 47	☽⧹♂	g		16 47	☿∥♄			06 01	☽∥♅	B		10 00	☽△♃	G		07 21	☽⧸♅	b
	13 11	☽⧸♆	b	23	01 39	♂⧹♇			10 17	☽♃♀			12 01	☽♉			07 31	☽⧸♆	b
	15 13	☽□♅	B	Fr	03 09	☽⧹♅	g		10 34	☽☌♆	B		17 50	♀♃♅			09 37	☽☌	
	15 45	☽♒			04 10	☽♊			10 49	☽⧸♀	b		19 20	☽⚹♀	G		13 08	☽♃♆	D
	18 05	☽⚹♃	G		05 39	☽☌☿	B		11 23	☽□♅	b	9	01 19	☽⧹♃	g		20 48	☽⧹♂	b
	22 58	☽∥♃	G		09 11	☉∥♄			13 42	♀⧸♃		Su	05 09	☽•♄	b	19	03 27	☽△♄	G
14	04 09	☽⧹♄	g		09 47	☽♃♀	B		13 43	☽♃♂	B		13 18	☽⧹♀	b	We	06 42	☽∥♅	B
We	12 11	♀⧸♃			11 44	☽□♇	b		20 48	☽△♇	b		15 06	☽⧧♅	G		06 54	☽♃♀	B
	15 44	☽∥☉	G		12 11	☽☌♂	B		23 18	☽♃♆	D		17 51	☽⧧☿	G		07 52	☽□☉	B
	18 25	☽⧧☿	G		20 30	☽♃♂	B						23 12	☽⧹☉			10 33	☽⧧⧧♅	G
	19 40	☽⧹♆	G		23 23	☽♃☿	B	**DECEMBER**				23 39	☽♒			18 04	☽∥♀	G
15	06 25	☿⊥♇		24	01 20	☿∥♇		1	02 13	♀♃♆		D	03 20	☽☌♇	D		21 41	☽△♇	G
Th	06 55	☽⧹♇	g	Sa	03 21	☽□♅	b	Sa	11 12	☿♍		Mo	07 41	☽⧸♃	b		22 05	☿⧹♂	G
	09 31	☿⧧♅			04 29	☽⧸♅			13 46	☽⧹♀	g		15 04	☽∥♃	G	20	00 42	☽⧧♂	G
	10 55	☽⧸♄	b		17 44	☽♃♃	G		14 34	☽⧧☿	G		20 38	☽⧧☿	G	Th	02 17	♂ Q ♄	
	14 54	☽□☉	B		21 34	♂♃♅			14 49	☽♏			21 10	☽⧹♆	b		05 59	☽□♄	b
	19 05	☽△♀	G		23 44	☉⊥♀			15 40	♃±♅			21 27	☽□♅	B		12 24	☽⧧♅	g
	22 21	♂⧸		25	00 33	☽♃☉			21 49	☿⧹♀			23 39	☽♒			14 34	☽♊	
16	03 58	☽⧧♅	G	Su	01 03	☽△♀	G		23 56	☽⧧♃	G	11	01 43	☽⧹☌	b		16 22	☉△♅	B
Fr	04 41	☽♊			01 10	♆Stat		2	04 44	☽□♄	B	Tu	08 12	☽⧹♆	b		23 27	☽♃♇	b
	05 02	☽•♂	B		03 31	☽⧧♄	G	Su	08 31	☽⧧☉	G		11 01	☽□♀	B	21	05 03	♂⊥♅	
	08 10	☽□♃	B		06 38	☽♋			10 15	☽▽♅			11 38	☿⧹♅		Fr	05 41	☽♃♀	B
	10 51	♀Stat			13 07	☽♃☿	G		15 18	☽⧹♀	b		14 34	☽⧧♃	G		06 36	☽♃♆	B
	11 43	☽∥♂	B		16 46	☽△♂	B		17 02	♀♏			17 56	☽⧹♄	g		13 40	☽⧸♅	b
	13 19	☽⧸♇	b		18 22	☿⧹♄			23 25	☽∥♇	B	12	01 26	☽⚹♇			13 58	☽□♃	B
	17 27	☽⧧♄	b		18 43	☽♃♄	B	3	00 34	♂□♂		We	03 37	☽⧹♆	g		17 11	♀△♃	
17	00 48	☽∥♀	G	26	04 44	☉∥♂		Mo	01 29	☽♏			08 52	☽∥☿	G		17 37	☿⧸♃	
Sa	01 15	☽□♀	G	Mo	05 25	☽△♆	G		02 52	☽⧸♃	b		09 59	☽⧹☿	g		22 23	☉♒	
	01 18	☽♃♅	B		06 33	☽☌♃			12 56	☽♃♄	b		16 15	☽⧹♀	g	22	05 41	☽□☌	B
	01 32	☿Stat			08 06	☽♊			13 18	☽⧹☉	b		17 36	☽⧧☉	G	Sa	05 41	☽⧹♄	
	07 41	☽□☌	B		14 16	☽□♃	b		16 42	☽⧹☌	g	13	00 47	☽⧸♄	b		09 11	☽♃♀	G
	08 08	☽☌♆	D		14 43	☽□☉	b		17 36	☽□♆	b	Th	10 20	☽⧧♅	G		14 21	☽⧧♅	G
	09 53	☽⧸♅	b		15 07	☽♃♇	b		18 16	☽♃♄	B		12 40	☽♊			16 02	☽□♀	B
	11 26	♀♃♅			17 31	☽□♄	b		19 55	☽♍			13 39	☽□☌	B		17 49	☽♊	
	16 35	☉⧹♀			18 53	☽♃☌	b	4	03 26	☽♃♀	G		22 50	☽⧹♇	b		21 51	☽♃♃	G
	19 10	☽⧧♅	G		20 33	☉⧸☌		Tu	04 03	☽∥☌	G	14	04 10	☽△♀	G	23	09 17	☽♃♇	b
	22 05	☽∥♆	D		20 39	☽♃♆	G		06 14	☽⧹♂	g	Fr	04 44	☽□♃	B	Su	15 03	☽△♀	G
18	08 04	☽△♆	G	27	04 16	☽□♀	B		10 43	☽⧧♄	G		06 36	☽∥♃	G		17 55	☽△♃	G
Su	12 12	☿⊥♇		Tu	05 38	☽±♅			14 26	☽∥♀	G		07 31	☽⧧♄	G		19 53	☉Q♆	
	15 05	☽⧧♅	g		05 42	☿∥♃			16 17	☽♃♀	B		12 24	☽♃♅	B	24	00 41	☽♃♃	G
	15 56	☽♈			06 24	☽♃♀	B		17 24	☽△♂	G		15 59	☽⧹♃		Mo	01 23	☽♃♇	B
	19 20	☽⧹☌	g		07 22	☽□♅	B		18 38	☽⧹☌	g		16 07	♀♀♃			04 19	☽⧸♀	g
	20 18	☽△♃	G		08 25	☽♃♃	B		20 46	☽△♆	G		16 35	☽♃♅	D		08 37	☽△♃	G
19	04 30	☽□♄	b		09 15	☉♃☿		5	07 50	☽⧧♇	G		16 37	☽⧸♅	b		09 09	☽♃♃	b
Mo	15 07	☽□☉	b		09 45	☽♃☌	G	We	14 25	☽⧹♄	b	Sa	05 05	☽⧧♇	B		14 50	☽□♃	B
	16 26	☽△♀	g		13 55	☽⧧♆			21 53	☽♃♃	G		07 57	☽∥♆	D		15 16	☽□♀	b
	17 52	☽⧹♆	g	15 41	☽△♃	G		22 22	☉□♆			11 12	♅⧸♆			16 58	☽♊	
20	01 00	☽⧸♂	b		16 22	☽△♀	G		03 08	☽♃♇			11 49	☽□☌	B		17 21	☿∥♃	
Tu	01 01	☽♈			17 39	☽△☌	G	6	02 49	☽⧸			12 19	☽□♀	b		19 40	☿♃♃	
	01 30	♂⧸□♂			18 12	☽⧹♇	b	Th	06 43	☽⧹♆	g		21 05	☽∥☌	B	25	00 33	☉Q♃	
	04 22	☽□♇	B		21 31	☽⧧♄	G		10 47	☽∥☌	G	16	00 44	☿♍		Tu	07 57	☿⊥♇	
	15 45	♂♃♀	B		22 27	☿♃♃			11 47	☽⧹♃	b	Su	06 43	☽♈			09 44	☽△♃	G
	18 56	☽♃♃	b	28	06 30	☽♃♀	B		14 31	☽♃♃			14 08	☉⧹♀	G		10 00	☽♃♃	G
	21 22	☽♃♃	B	We	06 38	♀∥♂			18 41	☽⧹♄	g		14 26	♀⧧♄			17 06	☽△♀	G
	22 46	☽♃♅	B		22 34	☽♍			21 23	☿Stat			17 12	☽⧧♇	B	26	00 01	☽♃♃	B
	23 43	☽♈		29	04 28	♃⧹♇		7	04 11	☽□♂	B		17 35	☿⊥♄		We	10 47	☽♃♄	b
21	02 51	☽♃♆	D		08 17	☽⚹♃	G												
We	05 36	☽⧧♂	G	Th															

	15 37	☽△♅	G		16 33	☽⚻♅	b		21 31	♀✱♇		30	01 14	♂⚺♅			06 00	☿⚺♀	
	17 50	☽♍			17 09	☽☍♆	B		22 00	☿∥♄		Su	08 23	☽□♇	B		12 35	☉∥☿	
	18 15	☽#♀	G		19 18	♃⚺♄		29	06 31	☽∠♀	b		10 13	☽✱☿	G		16 43	☽∠☿	b
	22 02	☿∥♇		28	00 04	☽□☿	B	Sa	09 34	☽□☉	B		10 59	☽⚺♀	g		19 46	☽✱☉	G
27	02 33	☽△☉	G	Fr	02 52	☽✱♀	G		12 08	☽#♂	B		19 06	☽∠♃	b		22 09	☽✱♄	G
Th	02 49	☽⚻♇	b		04 04	☽△♇	G		15 41	☽□♄	B		22 53	☽☍♅	B		22 43	☽#♅	B
	11 48	☽□♃	B		06 28	☽#♆	D		16 00	☽✱♃	G		23 41	☽⚻♆	b		22 52	☽⚺♃	g
	11 51	☽△♄	G		16 27	☽☍♂	B		16 44	☿⚺♇		31	01 23	☽♏					
	13 54	☽∥♅	B		20 23	☽♎			21 23	☽∥♂	B	Mo	04 38	☽∥♆	D				

Longitudes of Chiron, 4 larger asteroids and the Black Moon Lilith 2018

		Chiron ⚷	Ceres ⚳	Pallas ⚴	Juno ⚵	Vesta ⚶	Black Moon Lilith ⚸
JANUARY	01	24 ♓ 39	17 ♌ 20	26 ♈ 06	06 ♒ 23	23 ♏ 23	05 ♑ 57
	11	24 ♓ 56	15 ♌ 53	27 ♈ 52	10 ♒ 37	28 ♏ 14	07 ♑ 03
	21	25 ♓ 18	13 ♌ 54	00 ♉ 24	14 ♒ 57	02 ♐ 58	08 ♑ 10
	31	25 ♓ 44	11 ♌ 36	03 ♉ 33	19 ♒ 23	07 ♐ 34	09 ♑ 17
FEBRUARY	01	25 ♓ 47	11 ♌ 22	03 ♉ 54	19 ♒ 50	08 ♐ 01	09 ♑ 23
	11	26 ♓ 17	09 ♌ 04	07 ♉ 39	24 ♒ 20	12 ♐ 25	10 ♑ 30
	21	26 ♓ 49	07 ♌ 04	11 ♉ 52	28 ♒ 55	16 ♐ 36	11 ♑ 37
	31	27 ♓ 23	05 ♌ 37	16 ♉ 27	03 ♓ 33	20 ♐ 31	12 ♑ 44
MARCH	01	27 ♓ 16	05 ♌ 51	15 ♉ 30	02 ♓ 37	19 ♐ 46	12 ♑ 30
	11	27 ♓ 51	04 ♌ 56	20 ♉ 20	07 ♓ 17	23 ♐ 26	13 ♑ 37
	21	28 ♓ 27	04 ♌ 45	25 ♉ 27	12 ♓ 00	26 ♐ 44	14 ♑ 43
	31	29 ♓ 03	05 ♌ 15	00 ♊ 47	16 ♓ 44	29 ♐ 36	15 ♑ 50
APRIL	01	29 ♓ 06	05 ♌ 21	01 ♊ 19	17 ♓ 13	29 ♐ 51	15 ♑ 57
	11	29 ♓ 41	06 ♌ 34	06 ♊ 51	21 ♓ 58	02 ♑ 08	17 ♑ 03
	21	00 ♈ 13	08 ♌ 21	12 ♊ 30	26 ♓ 45	03 ♑ 47	18 ♑ 10
	31	00 ♈ 44	10 ♌ 38	18 ♊ 16	01 ♈ 31	04 ♑ 43	19 ♑ 16
MAY	01	00 ♈ 44	10 ♌ 38	18 ♊ 16	01 ♈ 31	04 ♑ 43	19 ♑ 16
	11	01 ♈ 11	13 ♌ 18	24 ♊ 06	06 ♈ 17	04 ♑ 52	20 ♑ 23
	21	01 ♈ 35	16 ♌ 20	29 ♊ 58	11 ♈ 02	04 ♑ 12	21 ♑ 30
	31	01 ♈ 54	19 ♌ 38	05 ♋ 52	15 ♈ 46	02 ♑ 45	22 ♑ 36
JUNE	01	01 ♈ 56	19 ♌ 59	06 ♋ 27	16 ♈ 14	02 ♑ 34	22 ♑ 43
	11	02 ♈ 11	23 ♌ 33	12 ♋ 20	20 ♈ 55	00 ♑ 29	23 ♑ 49
	21	02 ♈ 20	27 ♌ 19	18 ♋ 12	25 ♈ 32	28 ♐ 06	24 ♑ 56
	31	02 ♈ 25	01 ♍ 15	24 ♋ 01	00 ♉ 04	25 ♐ 47	26 ♑ 02
JULY	01	02 ♈ 25	01 ♍ 15	24 ♋ 01	00 ♉ 04	25 ♐ 47	26 ♑ 02
	11	02 ♈ 24	05 ♍ 18	29 ♋ 46	04 ♉ 29	23 ♐ 52	27 ♑ 09
	21	02 ♈ 18	09 ♍ 29	05 ♌ 28	08 ♉ 47	22 ♐ 37	28 ♑ 15
	31	02 ♈ 08	13 ♍ 45	11 ♌ 05	12 ♉ 53	22 ♐ 09	29 ♑ 22
AUGUST	01	02 ♈ 06	14 ♍ 11	11 ♌ 38	13 ♉ 17	22 ♐ 08	29 ♑ 28
	11	01 ♈ 50	18 ♍ 32	17 ♌ 09	17 ♉ 08	22 ♐ 32	00 ♒ 35
	21	01 ♈ 30	22 ♍ 57	22 ♌ 35	20 ♉ 41	23 ♐ 41	01 ♒ 41
	31	01 ♈ 07	27 ♍ 25	27 ♌ 55	23 ♉ 51	25 ♐ 29	02 ♒ 48
SEPTEMBER	01	01 ♈ 05	27 ♍ 52	28 ♌ 27	24 ♉ 08	25 ♐ 42	02 ♒ 54
	11	00 ♈ 39	02 ♎ 21	03 ♍ 40	26 ♉ 47	28 ♐ 07	04 ♒ 01
	21	00 ♈ 12	06 ♎ 53	08 ♍ 47	28 ♉ 49	01 ♑ 01	05 ♒ 07
	31	29 ♓ 45	11 ♎ 24	13 ♍ 46	00 ♊ 09	04 ♑ 18	06 ♒ 13
OCTOBER	01	29 ♓ 45	11 ♎ 24	13 ♍ 46	00 ♊ 09	04 ♑ 18	06 ♒ 13
	11	29 ♓ 19	15 ♎ 56	18 ♍ 39	00 ♊ 39	07 ♑ 56	07 ♒ 20
	21	28 ♓ 55	20 ♎ 27	23 ♍ 23	00 ♊ 16	11 ♑ 50	08 ♒ 26
	31	28 ♓ 34	24 ♎ 56	27 ♍ 58	29 ♉ 02	15 ♑ 58	09 ♒ 33
NOVEMBER	01	28 ♓ 32	25 ♎ 23	28 ♍ 25	28 ♉ 52	16 ♑ 23	09 ♒ 39
	11	28 ♓ 15	29 ♎ 49	02 ♎ 49	26 ♉ 55	20 ♑ 43	10 ♒ 46
	21	28 ♓ 03	04 ♏ 12	07 ♎ 02	24 ♉ 41	25 ♑ 13	11 ♒ 52
	31	27 ♓ 56	08 ♏ 31	11 ♎ 02	22 ♉ 36	29 ♑ 50	12 ♒ 59
DECEMBER	01	27 ♓ 56	08 ♏ 31	11 ♎ 02	22 ♉ 36	29 ♑ 50	12 ♒ 59
	11	27 ♓ 54	12 ♏ 44	14 ♎ 47	21 ♉ 04	04 ♒ 33	14 ♒ 05
	21	27 ♓ 58	16 ♏ 50	18 ♎ 15	20 ♉ 21	09 ♒ 21	15 ♒ 12
	31	28 ♓ 07	20 ♏ 48	21 ♎ 23	20 ♉ 35	14 ♒ 13	16 ♒ 18

DISTANCES APART OF ALL ☌s AND ☍s IN 2018

Note: The Distances Apart are in Declination

JANUARY

1	10	26	☽☍♄	2	43
1	23	28	☽☍♀	3	32
2	02	24	☽☍☉	2	53
2	13	43	☽☍♇	1	51
6	04	37	☽☍♆	1	21
7	00	39	♂☌♃	0	12
9	07	02	☉☌♀	0	46
9	09	03	♀☌♇	1	12
9	09	33	☉☌♇	0	26
9	09	45	☽☍♅	4	02
11	08	21	☽☌♃	4	00
11	12	34	☽☌♂	4	14
13	07	03	☿☌♄	0	39
15	01	49	☽☌♄	2	38
15	07	03	☽☌☿	3	22
16	10	54	☽☌♇	1	50
17	02	17	☽☌☉	1	36
17	06	30	☽☌♀	2	25
20	20	45	☽☌♆	1	25
24	04	16	☽☌♅	4	07
24	20	50	☿☌♇	1	32
26	01	40	☽☍♃	4	01
26	17	52	☽☍♂	4	19
29	02	15	☽☍♄	2	33
30	02	34	☽☍♇	1	50
30	16	40	☽☍☿	3	03
31	13	27	☽•–☉	0	18
31	22	48	☽☍♀	1	04

FEBRUARY

2	16	29	☽☍♆	1	27
5	18	46	☽☍♅	4	08
7	21	57	☽☌♃	4	00
9	06	40	☽☌♂	4	15
11	14	17	☽☌♄	2	28
12	19	22	☽☌♇	1	49
15	18	06	☽☌☿	1	00
15	21	05	☽•●	1	03
16	16	36	☽☌♀	0	30
17	04	31	☽☌♆	1	29
17	12	27	☉☌☿	1	51
20	11	11	☽☌♅	4	08
21	18	42	♀☌♆	0	30
22	11	46	☽☍♃	3	55
24	05	57	☽☍♂	4	04
25	12	26	☿☌♆	0	24
25	14	52	☽☍♄	2	21
26	13	11	☽☍♇	1	47

MARCH

2	00	51	☽☍☉	2	10
2	04	58	☽☍♆	1	31
2	21	48	☽☍☿	2	32
2	23	50	☽☍♀	1	53
4	13	54	☉☌♆	0	50
4	18	05	☿☌♀	1	01
5	06	19	☽☍♅	4	07
7	08	55	☽☌♃	3	50
10	00	54	☽☌♂	3	48
11	02	05	☽☌♄	2	13
12	04	15	☽☌♇	1	43
16	13	46	☽☌♆	1	33
17	13	12	☽☌☉	3	12
18	21	58	☽☌♀	3	16
18	23	47	☽☌☿	6	44
19	19	29	☽☌♅	4	05
20	04	03	☿☌♀	3	34
21	17	21	☽☍♃	3	43
24	15	36	☽☍♂	3	28
24	23	37	☽☍♄	2	04
25	20	41	☽☍♇	1	38
29	00	47	♀☌♅	0	04
29	15	49	☽☍♆	1	36
31	12	37	☽☍☉	3	57
31	16	15	☽☍☿	6	49

APRIL

1	17	53	☉☌☿	2	37
1	18	29	☽☍♅	4	04
2	03	17	☽☍♀	4	17
2	15	44	♂☌♄	1	16
3	16	06	☽☌♃	3	38
7	12	19	☽☌♄	1	56
7	17	41	☽☌♂	3	08
8	13	03	☽☌♇	1	32
13	00	08	☽☌♆	1	41
14	12	12	☽☌☿	3	21
16	01	57	☽☌☉	4	30
16	05	59	☽☌♅	4	05
17	07	00	♀☍♃	1	27
17	20	40	☽☍♃	3	33
17	22	05	☽☌♀	5	02
18	14	00	☉☌♅	0	29
21	05	49	☽☍♄	1	48
21	22	36	☽☍♂	2	51
22	02	21	☽☍♇	1	25
26	00	04	☽☍♆	1	47
26	11	00	♂☌♇	1	24
27	20	17	☽☍☿	1	33
29	05	32	☽☍♅	4	06
30	00	58	☽☍☉	4	45
30	19	11	☽☌♃	3	32

MAY

2	09	20	☽☍♀	5	14
4	20	02	☽☌♄	1	42
5	21	00	☽☌♇	1	19
6	06	20	☽☌♂	2	41
9	00	39	☉☍♃	1	13
10	10	27	☽☌♆	1	55
13	10	50	☿☌♅	2	04
13	18	05	☽☌♅	4	10
13	18	57	☽☌☿	2	07
15	00	08	☽☍♃	3	34
15	11	48	☽☌☉	4	42
17	18	18	☽☌♀	4	49
18	11	34	☽☍♄	1	39
19	08	26	☽☍♇	1	15
20	01	37	☽☍♂	2	44
23	05	54	☿☍♃	0	22
23	06	30	☽☍♆	2	01
26	06	40	♀☍♄	2	39
26	14	42	☽☍♅	4	13
27	19	48	☽☌♃	3	38
28	17	25	☽☍☿	3	57
29	14	20	☽☍☉	4	19

JUNE

1	00	53	☽☌♄	1	38
1	16	57	☽☍♀	3	46
2	03	37	☽☌♇	1	11
3	10	22	☽☌♂	3	02
6	02	02	☉☌☿	0	44
6	02	25	♀☍♇	2	10
6	19	25	☽☌♆	2	08
10	06	14	☽☌♅	4	18
11	05	14	☽☍♃	3	45
13	19	43	☽☌☉	3	34
14	13	02	☽☌☿	4	35
14	18	09	☽☍♄	1	42
15	16	18	☽☍♇	1	12
16	01	47	☿☍♄	2	43
16	12	14	☽☌♀	2	16
16	21	18	☽☍♂	3	38
19	12	49	☽☍♆	2	12
21	16	54	♀☍♂	2	15
22	22	25	☽☍♅	4	22
23	09	26	☿☍♇	2	06
23	21	11	☽☌♃	3	51
27	13	28	☉☍♄	0	51
28	03	34	☽☌♄	1	47
28	04	53	☽☍☉	2	35
29	08	58	☽☌♇	1	13
30	08	01	☽☍☿	1	47
30	23	10	☽☌♂	4	32

JULY

1	22	56	☽☍♀	0	23
4	02	19	☽☌♆	2	15
5	11	48	☿☍♂	4	24
7	16	45	☽☌♅	4	26
8	12	31	☽☍♃	3	58
12	01	38	☽☍♄	1	54
12	10	04	☉☍♇	0	10
13	01	43	☽☍♇	1	16
13	02	48	☽•●	1	22
14	05	12	☽☍♂	5	34
14	23	12	☽☌☿	2	03
16	04	35	☽☌♀	1	27
16	20	24	☽☍♆	2	16
20	05	42	☽☍♅	4	27
21	02	29	☽☌♃	4	02
24	19	22	♀☍♆	0	21
25	05	46	☽☌♄	2	00
26	13	41	☽☌♇	1	19
27	05	13	☉☍♂	6	17
27	18	48	☽☌♂	6	28
27	20	20	☽•–☉	0	06
29	09	25	☽☍☿	5	23
31	07	29	☽☌♆	2	15
31	22	42	☽☍♀	3	33

AUGUST

4	00	33	☽☌♅	4	27
4	21	50	☽☍♃	4	06
8	09	15	☽☍♄	2	05
9	02	06	☉☌☿	4	35
9	11	21	☽☍♇	1	22
10	05	12	☽☍♂	6	51
11	03	54	☽☌☿	5	09
11	09	58	☽•●	1	07
13	05	25	☽☍♆	2	12
14	18	05	☽☌♀	5	25
16	13	27	☽☍♅	4	26
17	13	06	☽☌♃	4	07
21	09	33	☽☌♄	2	08
22	18	46	☽☌♇	1	24
23	14	19	☽☌♂	6	36
24	20	27	☽☍☿	1	39
26	11	56	☽☍☉	2	15
27	12	04	☽☌♆	2	09
30	10	56	☽☍♀	7	31
31	05	50	☽☌♅	4	22

SEPTEMBER

1	09	06	☽☍♃	4	05
4	16	22	☽☍♄	2	07
5	19	41	☽☍♇	1	23
6	12	43	☽☍♂	5	46
7	18	27	☉☍♆	0	55
8	22	54	☽☌☿	0	50
9	14	48	☽☍♆	2	08
9	18	01	☽☌☉	3	10
12	09	02	♀☍♅	4	53
12	21	50	☽☍♅	4	19
12	22	31	☽☌♀	9	16
14	01	31	☿☍♆	0	44
14	04	33	☽☌♃	4	02
17	16	25	☽☌♄	2	04
19	01	03	☽☌♇	1	21
20	04	23	☽☌♂	4	38
21	01	52	☉☌☿	1	23
23	17	22	☽☌♆	2	06
25	02	52	☽☍☉	3	56
25	10	12	☽☍☿	3	03
27	10	11	☽☌♅	4	14
28	01	02	☽☍♀	10	58
28	22	36	☽☍♃	3	55

OCTOBER

1	23	18	☽☍♄	1	56
3	02	10	☽☍♇	1	15
4	09	31	☽☍♂	3	15
6	23	04	☽☍♆	2	08
9	03	47	☽☌☉	4	26
10	04	36	☽☌☿	5	10
10	06	05	☽☍♅	4	11
10	17	36	☿☍♅	1	03
10	22	15	☽☌♀	11	47
11	23	12	☽☌♃	3	50
15	02	40	☽☌♄	1	48
15	20	21	☿☌♀	5	55
16	08	54	☽☌♇	1	09
18	11	50	☽☌♂	1	50
21	00	07	☽☌♆	2	11
24	00	47	☉☍♅	0	31
24	15	31	☽☌♅	4	10
24	16	45	☽☍☉	4	42
24	22	00	☽☍♀	10	51
26	08	46	☽☍☿	6	37
26	14	16	☉☌♀	5	52
26	14	49	☽☍♃	3	42
29	07	32	☽☍♄	1	37
29	11	05	☿☌♃	3	04
30	07	53	☽☍♇	1	01
31	08	45	♀☍♅	5	28

NOVEMBER

1	15	22	☽☍♂	0	27
3	05	21	☽☍♆	2	16
6	08	19	☽☌♀	8	15
6	13	03	☽☍♅	4	11

Note: The Distances Apart are in Declination

d h		Aspect	° '	d h		Aspect	° '	d h		Aspect	° '	d h		Aspect	° '
7 16 02	☽	☌ ☉	4 38	25 18 43	☽	☍ ♄	1 17	5 21 53	☽	☌ ☿	1 46	21 17 37	☿	☌ ♃	0 50
8 19 06	☽	☌ ♃	3 35	26 06 33	☉	☌ ♃	0 39	6 14 31	☽	☌ ♃	3 19	22 17 49	☽	☍ ☉	2 18
9 13 37	☽	☌ ☿	6 31	26 15 07	☽	☍ ♇	0 48	7 07 20	☽	☌ ☉	3 27	23 09 17	☽	☍ ♄	1 00
11 15 25	☽	☌ ♄	1 27	27 09 15	☉	☌ ☿	0 54	7 14 11	♂	☌ ♆	0 02	24 01 23	☽	☍ ♇	0 41
12 17 57	☽	☌ ♇	0 54	27 22 27	☿	☌ ♃	0 26	9 05 09	☽	• ♄	1 08	27 17 09	☽	☍ ♆	2 40
16 05 02	☽	• ♂	0 54	30 02 19	☽	☍ ♂	2 01	10 03 20	☽	☌ ♇	0 43	28 16 27	☽	☍ ♂	3 53
17 08 08	☽	☌ ♆	2 23	30 10 34	☽	☍ ♆	2 29	14 16 35	☽	☌ ♆	2 36	30 22 53	☽	☍ ♅	4 26
20 15 45	☽	☍ ♀	5 08		**DECEMBER**			15 02 19	☽	☌ ♂	3 05				
20 22 46	☽	☌ ♅	4 14					18 07 21	☽	☌ ♅	4 23				
23 05 39	☽	☍ ☉	4 12	1 02 13	♀	☍ ♅	0 46	19 06 54	☽	☍ ♀	1 53				
23 09 47	☽	☍ ♃	3 27	3 18 16	☽	☍ ♅	4 18	21 05 41	☽	☍ ☿	2 20				
23 20 30	☽	☍ ☿	4 04	3 21 05	☽	☌ ♀	3 11	21 06 36	☽	☍ ♃	3 11				

PHENOMENA IN 2018

d h	JANUARY	d h	MAY	d h	SEPTEMBER
1 20	☿ Gt.Elong. 23° W.	4 23	☽ Max. Dec.20°S34'	2 10	☿ in perihelion
1 22	☽ in Perigee	6 01	☽ in Apogee	5 07	☽ Max. Dec.20°N50'
2 00	☽ Max. Dec.20°N03'	12 07	☽ Zero Dec.	5 08	♀ in aphelion
3 06	⊕ in perihelion	15 23	♀ in perihelion	8 01	☽ in Perigee
8 06	☽ Zero Dec.	17 21	☽ in Perigee	11 10	☽ Zero Dec.
15 02	☽ in Apogee	18 15	☽ Max. Dec.20°N39'	16 13	♂ in perihelion
15 03	☿ ☌ ♄	25 02	☽ Zero Dec.	18 10	☽ Max. Dec.20°S55'
15 17	☽ Max. Dec.20°S03'		**JUNE**	20 01	☽ in Apogee
23 01	☽ Zero Dec.	1 07	☽ Max. Dec.20°S44'	23 02	☉ enters ♎, Equinox
23 14	♀ in aphelion	1 18	☿ ☌ ♀	25 20	☽ Zero Dec.
25 11	☿ in aphelion	2 16	☽ in Apogee		**OCTOBER**
29 12	☽ Max. Dec.20°N02'	6 10	☿ in perihelion	2 13	☽ Max. Dec.21°N02'
30 10	☽ in Perigee	8 17	☽ Zero Dec.	5 22	☽ in Perigee
31 13	☽ Total eclipse	15 00	☽ in Perigee	6 00	☿ ☌
	FEBRUARY	15 01	☽ Max. Dec.20°N45'	8 19	☽ Zero Dec.
4 16	☽ Zero Dec.	21 08	☽ Zero Dec.	15 17	☽ Max. Dec.21°S09'
11 14	☽ in Apogee	21 10	☉ enters ♋, Solstice	16 09	☿ in aphelion
11 23	☽ Max. Dec.20°S02'	28 14	☽ Max. Dec.20°S46'	17 19	☽ in Apogee
15 21	● Partial eclipse	30 02	☽ in Apogee	23 03	☽ Zero Dec.
19 07	☽ Zero Dec.		**JULY**	29 19	☽ Max. Dec.21°N17'
25 20	☽ Max. Dec.20°N03'	6 02	☽ Zero Dec.	31 20	☽ in Perigee
27 15	☽ in Perigee	6 17	⊕ in aphelion		**NOVEMBER**
	MARCH	10 01	☿ ☌	5 04	☽ Zero Dec.
4 02	☽ Zero Dec.	12 12	☽ Max. Dec.20°N46'	12 02	☽ Max. Dec.21°S24'
5 19	☿ ☌	13 03	● Partial eclipse	14 16	☽ in Apogee
10 11	☿ in perihelion	13 08	☽ in Perigee	19 13	☽ Zero Dec.
11 07	☽ Max. Dec.20°S07'	18 15	☽ Zero Dec.	22 20	♀ ☌
11 09	☽ in Apogee	20 10	☿ in aphelion	24 17	☿ ☌
16 19	♂ ☌	25 21	☽ Max. Dec.20°S45'	26 02	☽ Max. Dec.21°N29'
18 13	☽ Zero Dec.	27 05	☽ in Apogee	26 12	☽ in Perigee
20 16	☉ enters ♈, Equinox	27 20	● Total eclipse	29 09	☿ in perihelion
25 02	☽ Max. Dec.20°N13'		**AUGUST**		**DECEMBER**
26 17	☽ in Perigee	1 17	♀ ☌	2 11	☽ Zero Dec.
31 11	☽ Zero Dec.	2 09	☽ Zero Dec.	9 11	☽ Max. Dec.21°S32'
	APRIL	8 22	☽ Max. Dec.20°N45'	12 12	☽ in Apogee
7 15	☽ Max. Dec.20°S19'	10 18	☽ in Perigee	15 12	☿ Gt.Elong. 21° W.
8 06	☽ in Apogee	11 10	● Partial eclipse	16 23	☽ Zero Dec.
12 03	♀ ☌	15 00	☽ Zero Dec.	21 22	☉ enters ♑, Solstice
13 02	☿ ☌	17 17	♀ Gt.Elong. 46° E.	23 12	☽ Max. Dec.21°N33'
14 21	☽ Zero Dec.	22 03	☽ Max. Dec.20°S46'	24 10	☽ in Perigee
20 02	♄ in aphelion	23 11	☽ in Apogee	26 16	♀ in perihelion
20 15	☽ in Perigee	26 21	☿ Gt.Elong. 18° W.	29 17	☽ Zero Dec.
21 08	☽ Max. Dec.20°N27'	28 17	☿ ☌		
23 11	☿ in aphelion	29 14	☽ Zero Dec.		
27 19	☽ Zero Dec.				
29 18	☿ Gt.Elong. 27° W.				

LOCAL MEAN TIME OF SUNRISE FOR LATITUDES
60° North to 50° South

FOR ALL SUNDAYS IN 2018. (ALL TIMES ARE A.M.)

Date.	LONDON		60°		55°		50°		40°		30°		20°		10°		0°		10°		20°		30°		40°		50°	
	H	M	H	M	H	M	H	M	H	M	H	M	H	M	H	M	H	M	H	M	H	M	H	M	H	M	H	M
2017 Dec. 31	8	6	9	4	8	26	7	59	7	22	6	56	6	35	6	16	5	59	5	41	5	23	5	1	4	33	3	53
2018 Jan. 7	8	5	8	59	8	24	7	58	7	22	6	57	6	37	6	19	6	2	5	45	5	27	5	6	4	40	4	1
,, 14	8	1	8	51	8	18	7	54	7	21	6	57	6	38	6	21	6	5	5	49	5	32	5	12	4	47	4	10
,, 21	7	54	8	39	8	10	7	48	7	18	6	56	6	38	6	22	6	8	5	53	5	37	5	18	4	55	4	22
,, 28	7	46	8	25	8	0	7	40	7	13	6	53	6	37	6	23	6	9	5	56	5	41	5	25	5	3	4	33
Feb. 4	7	35	8	9	7	48	7	31	7	7	6	49	6	35	6	22	6	10	5	58	5	45	5	30	5	12	4	46
,, 11	7	23	7	51	7	33	7	20	6	59	6	44	6	32	6	21	6	11	6	1	5	50	5	37	5	20	4	58
,, 18	7	10	7	32	7	18	7	7	6	50	6	38	6	28	6	19	6	11	6	2	5	53	5	42	5	28	5	9
,, 25	6	55	7	13	7	2	6	53	6	41	6	31	6	24	6	16	6	10	6	3	5	57	5	48	5	38	5	23
Mar. 4	6	40	6	52	6	45	6	39	6	30	6	24	6	18	6	13	6	9	6	3	5	58	5	52	5	44	5	34
,, 11	6	25	6	32	6	28	6	24	6	20	6	16	6	13	6	10	6	7	6	4	6	1	5	57	5	52	5	45
,, 18	6	9	6	11	6	10	6	9	6	8	6	8	6	7	6	6	6	5	6	4	6	3	6	2	6	0	5	57
,, 25	5	53	5	49	5	52	5	54	5	57	5	59	6	1	6	2	6	3	6	4	6	5	6	6	6	6	6	7
Apr. 1	5	38	5	28	5	34	5	39	5	46	5	50	5	54	5	58	6	1	6	4	6	7	6	10	6	14	6	20
,, 8	5	22	5	7	5	16	5	24	5	34	5	42	5	48	5	54	5	59	6	4	6	8	6	14	6	20	6	29
,, 15	5	6	4	46	4	59	5	9	5	24	5	34	5	43	5	50	5	57	6	4	6	11	6	18	6	28	6	40
,, 22	4	51	4	25	4	42	4	55	5	13	5	27	5	37	5	47	5	55	6	4	6	12	6	22	6	34	6	51
,, 29	4	38	4	6	4	26	4	42	5	4	5	20	5	32	5	44	5	54	6	4	6	15	6	27	6	42	7	2
May 6	4	24	3	47	4	11	4	29	4	55	5	14	5	28	5	41	5	53	6	5	6	18	6	32	6	49	7	13
,, 13	4	12	3	29	3	57	4	18	4	48	5	8	5	25	5	39	5	53	6	6	6	21	6	37	6	56	7	23
,, 20	4	2	3	12	3	45	4	9	4	41	5	4	5	22	5	38	5	53	6	8	6	23	6	41	7	2	7	32
,, 27	3	54	2	59	3	35	4	1	4	36	5	1	5	21	5	38	5	53	6	9	6	25	6	44	7	8	7	41
June 3	3	48	2	47	3	27	3	55	4	33	4	59	5	20	5	38	5	54	6	10	6	28	6	48	7	13	7	48
,, 10	3	43	2	39	3	21	3	51	4	31	4	58	5	20	5	38	5	56	6	12	6	31	6	51	7	17	7	54
,, 17	3	42	2	35	3	20	3	50	4	30	4	58	5	20	5	39	5	57	6	14	6	33	6	54	7	20	7	58
,, 24	3	43	2	36	3	20	3	51	4	32	5	0	5	22	5	41	5	58	6	16	6	35	6	56	7	23	8	0
July 1	3	46	2	41	3	24	3	54	4	34	5	2	5	24	5	42	6	0	6	17	6	36	6	57	7	23	8	0
,, 8	3	52	2	50	3	31	3	59	4	38	5	5	5	26	5	44	6	1	6	18	6	35	6	56	7 /	21	7	57
,, 15	3	59	3	2	3	40	4	6	4	43	5	8	5	29	5	46	6	2	6	18	6	35	6	54	7.	18	7	52
,, 22	4	8	3	16	3	50	4	14	4	48	5	12	5	31	5	48	6	3	6	18	6	34	6	52	7	15	7	46
,, 29	4	18	3	31	4	2	4	24	4	54	5	16	5	34	5	49	6	3	6	17	6	31	6	48	7	8	7	37
Aug. 5	4	28	3	48	4	14	4	33	5	1	5	21	5	36	5	50	6	2	6	15	6	28	6	43	7	2	7	27
,, 12	4	40	4	5	4	27	4	44	5	8	5	25	5	39	5	51	6	2	6	13	6	24	6	37	6	53	7	15
,, 19	4	50	4	22	4	40	4	54	5	14	5	29	5	41	5	51	6	0	6	9	6	19	6	30	6	43	7	1
,, 26	5	1	4	38	4	53	5	3	5	21	5	33	5	43	5	51	5	58	6	6	6	14	6	23	6	34	6	49
Sep. 2	5	13	4	55	5	6	5	15	5	28	5	37	5	44	5	51	5	56	6	2	6	8	6	15	6	23	6	34
,, 9	5	24	5	12	5	20	5	25	5	34	5	41	5	46	5	50	5	54	5	58	6	2	6	6	6	12	6	19
,, 16	5	35	5	28	5	32	5	36	5	41	5	44	5	47	5	50	5	52	5	54	5	56	5	58	6	1	6	4
,, 23	5	46	5	44	5	46	5	46	5	48	5	48	5	49	5	49	5	49	5	49	5	49	5	49	5	49	5	48
,, 30	5	58	6	1	5	58	5	57	5	54	5	52	5	50	5	49	5	47	5	46	5	44	5	41	5	39	5	35
Oct. 7	6	9	6	18	6	12	6	8	6	1	5	56	5	52	5	48	5	45	5	42	5	38	5	33	5	27	5	19
,, 14	6	20	6	35	6	26	6	19	6	8	6	1	5	54	5	48	5	43	5	37	5	31	5	24	5	15	5	2
,, 21	6	33	6	52	6	40	6	30	6	16	6	5	5	57	5	49	5	42	5	34	5	25	5	16	5	4	4	48
,, 28	6	45	7	10	6	54	6	42	6	24	6	10	5	59	5	50	5	41	5	31	5	21	5	10	4	55	4	35
Nov. 4	6	57	7	28	7	8	6	53	6	32	6	16	6	3	5	51	5	40	5	30	5	18	5	4	4	47	4	23
,, 11	7	9	7	46	7	22	7	5	6	40	6	21	6	6	5	53	5	41	5	28	5	15	4	59	4	40	4	12
,, 18	7	22	8	3	7	36	7	16	6	48	6	27	6	10	5	56	5	42	5	28	5	12	4	55	4	33	4	1
,, 25	7	33	8	20	7	50	7	27	6	55	6	33	6	15	5	59	5	43	5	28	5	11	4	52	4	28	3	54
Dec. 1	7	42	8	33	8	0	7	36	7	2	6	38	6	18	6	1	5	45	5	29	5	12	4	51	4	26	3	50
,, 8	7	51	8	46	8	10	7	44	7	9	6	43	6	23	6	5	5	48	5	31	5	13	4	51	4	24	3	45
,, 15	7	58	8	56	8	18	7	51	7	14	6	48	6	27	6	9	5	51	5	34	5	15	4	53	4	25	3	45
,, 22	8	3	9	2	8	24	7	56	7	18	6	52	6	31	6	12	5	55	5	37	5	18	4	56	4	28	3	47
,, 29	8	6	9	4	8	26	7	59	7	21	6	55	6	34	6	15	5	58	5	41	5	22	5	0	4	32	3	52
2019 Jan. 5	8	5	9	1	8	24	7	58	7	22	6	57	6	36	6	18	6	1	5	45	5	27	5	5	4	38	3	59

Example:—To find the time of Sunrise in Jamaica (Latitude 18°N.) on Saturday, June 16th, 2018. On June 10th L.M.T. = 5h. 20m. + 7/10 × 18m., = 5h. 24m., on June 17th L.M.T. = 5h. 20m. + 7/10 × 19m. = 5h. 24m., therefore L.M.T. on June 16th = 5h. 24m. + 6/7 × 0m. = 5h. 24m. A.M.

LOCAL MEAN TIME OF SUNSET FOR LATITUDES
60° North to 50° South

FOR ALL SUNDAYS IN 2018. (ALL TIMES ARE P.M.)

Date.	LONDON	60°	55°	50°	40°	30°	20°	10°	0°	10°	20°	30°	40°	50°
	H M	H M	H M	H M	H M	H M	H M	H M	H M	H M	H M	H M	H M	H M
2017														
Dec. 31	4 0	3 3	3 40	4 7	4 44	5 10	5 31	5 50	6 7	6 24	6 42	7 4	7 32	8 12
2018														
Jan. 7	4 8	3 14	3 50	4 16	4 50	5 15	5 36	5 53	6 10	6 26	6 44	7 5	7 32	8 10
,, 14	4 18	3 28	4 0	4 24	4 57	5 21	5 40	5 57	6 13	6 28	6 45	7 5	7 31	8 7
,, 21	4 29	3 44	4 13	4 35	5 5	5 27	5 45	6 0	6 15	6 29	6 45	7 4	7 27	8 0
,, 28	4 41	4 2	4 28	4 46	5 14	5 33	5 49	6 3	6 17	6 30	6 45	7 1	7 23	7 52
Feb. 4	4 54	4 20	4 42	4 58	5 22	5 39	5 53	6 6	6 18	6 29	6 42	6 56	7 15	7 40
,, 11	5 5	4 39	4 56	5 10	5 30	5 45	5 57	6 8	6 18	6 28	6 39	6 52	7 8	7 30
,, 18	5 19	4 57	5 12	5 22	5 38	5 50	6 0	6 9	6 18	6 26	6 35	6 46	6 59	7 17
,, 25	5 32	5 15	5 26	5 34	5 47	5 56	6 3	6 10	6 17	6 23	6 31	6 39	6 49	7 3
Mar. 4	5 45	5 33	5 40	5 46	5 54	6 1	6 6	6 11	6 15	6 19	6 25	6 30	6 38	6 48
,, 11	5 56	5 50	5 54	5 57	6 2	6 5	6 8	6 11	6 14	6 16	6 19	6 23	6 28	6 34
,, 18	6 8	6 8	6 8	6 8	6 9	6 10	6 10	6 11	6 12	6 13	6 14	6 15	6 17	6 19
,, 25	6 20	6 25	6 22	6 20	6 16	6 14	6 12	6 11	6 10	6 8	6 7	6 6	6 5	6 4
Apr. 1	6 31	6 39	6 32	6 29	6 22	6 18	6 14	6 10	6 8	6 4	6 1	5 58	5 54	5 49
,, 8	6 43	6 59	6 49	6 41	6 30	6 22	6 16	6 10	6 5	6 0	5 55	5 50	5 43	5 34
,, 15	6 55	7 16	7 2	6 52	6 37	6 27	6 18	6 10	6 4	5 57	5 50	5 42	5 32	5 20
,, 22	7 7	7 33	7 16	7 3	6 44	6 31	6 20	6 11	6 2	5 53	5 44	5 34	5 22	5 5
,, 29	7 18	7 50	7 30	7 14	6 52	6 35	6 22	6 11	6 1	5 51	5 40	5 28	5 13	4 52
May 6	7 30	8 8	7 43	7 25	6 59	6 40	6 25	6 12	6 0	5 48	5 36	5 21	5 4	4 40
,, 13	7 41	8 25	7 56	7 35	7 6	6 44	6 28	6 13	6 0	5 47	5 32	5 16	4 56	4 29
,, 20	7 52	8 41	8 8	7 45	7 12	6 49	6 30	6 15	6 0	5 46	5 30	5 13	4 51	4 21
,, 27	8 1	8 56	8 20	7 54	7 16	6 53	6 33	6 16	6 0	5 45	5 28	5 9	4 46	4 13
June 3	8 8	9 10	8 30	8 1	7 23	6 57	6 36	6 18	6 2	5 45	5 27	5 7	4 42	4 7
,, 10	8 15	9 19	8 36	8 7	7 28	7 0	6 39	6 20	6 3	5 46	5 28	5 7	4 41	4 4
,, 17	8 19	9 26	8 40	8 11	7 30	7 3	6 41	6 22	6 4	5 47	5 28	5 7	4 41	4 3
,, 24	8 21	9 28	8 44	8 13	7 32	7 4	6 42	6 23	6 5	5 49	5 30	5 9	4 42	4 5
July 1	8 20	9 26	8 42	8 13	7 32	7 5	6 43	6 25	6 7	5 50	5 32	5 11	4 45	4 8
,, 8	8 17	9 19	8 38	8 10	7 31	7 4	6 43	6 25	6 8	5 52	5 34	5 14	4 48	4 13
,, 15	8 12	9 9	8 31	8 5	7 28	7 3	6 43	6 25	6 9	5 53	5 37	5 17	4 53	4 20
,, 22	8 4	8 56	8 22	7 57	7 24	7 0	6 41	6 25	6 10	5 55	5 40	5 21	4 59	4 28
,, 29	7 54	8 40	8 10	7 48	7 18	6 56	6 39	6 24	6 10	5 56	5 42	5 26	5 4	4 37
Aug. 5	7 43	8 23	7 56	7 38	7 10	6 51	6 35	6 22	6 9	5 57	5 44	5 29	5 10	4 45
,, 12	7 30	8 4	7 42	7 25	7 2	6 45	6 31	6 19	6 8	5 58	5 47	5 33	5 18	4 56
,, 19	7 16	7 44	7 26	7 12	6 52	6 38	6 26	6 16	6 7	5 58	5 48	5 37	5 24	5 6
,, 26	7 1	7 24	7 10	6 58	6 42	6 30	6 21	6 13	6 5	5 58	5 50	5 41	5 30	5 16
Sep. 2	6 46	7 3	6 52	6 44	6 31	6 22	6 15	6 9	6 3	5 57	5 51	5 45	5 37	5 26
,, 9	6 30	6 42	6 34	6 29	6 20	6 14	6 9	6 5	6 1	5 57	5 53	5 49	5 43	5 37
,, 16	6 15	6 21	6 16	6 13	6 9	6 5	6 2	6 0	5 59	5 57	5 55	5 53	5 51	5 48
,, 23	5 58	5 59	5 58	5 58	5 57	5 56	5 56	5 56	5 56	5 56	5 56	5 57	5 57	5 58
,, 30	5 42	5 38	5 40	5 42	5 45	5 48	5 50	5 52	5 54	5 56	5 58	6 1	6 3	6 9
Oct. 7	5 26	5 17	5 23	5 27	5 34	5 39	5 44	5 48	5 51	5 55	6 0	6 4	6 10	6 19
,, 14	5 11	4 57	5 6	5 13	5 23	5 31	5 38	5 44	5 49	5 55	6 2	6 9	6 18	6 31
,, 21	4 56	4 36	4 49	4 59	5 13	5 24	5 33	5 41	5 48	5 55	6 4	6 13	6 25	6 42
,, 28	4 42	4 17	4 33	4 45	5 4	5 17	5 28	5 38	5 47	5 57	6 7	6 19	6 34	6 54
Nov. 4	4 29	3 58	4 18	4 33	4 55	5 11	5 25	5 36	5 47	5 59	6 10	6 24	6 42	7 6
,, 11	4 18	3 41	4 5	4 22	4 48	5 7	5 22	5 35	5 48	6 0	6 14	6 30	6 50	7 17
,, 18	4 8	3 26	3 53	4 13	4 42	5 3	5 20	5 35	5 49	6 3	6 18	6 36	6 58	7 30
,, 25	4 0	3 12	3 44	4 6	4 38	5 1	5 19	5 35	5 51	6 6	6 22	6 41	7 6	7 40
Dec. 1	3 55	3 4	3 38	4 2	4 36	5 0	5 19	5 36	5 53	6 9	6 27	6 47	7 12	7 49
,, 8	3 52	2 56	3 33	3 59	4 35	5 0	5 21	5 38	5 55	6 12	6 31	6 52	7 19	7 58
,, 15	3 51	2 53	3 32	3 58	4 36	5 2	5 23	5 41	5 59	6 16	6 35	6 57	7 25	8 5
,, 22	3 54	2 54	3 34	4 1	4 38	5 5	5 26	5 45	6 2	6 20	6 39	7 1	7 29	8 10
,, 29	3 58	3 0	3 38	4 5	4 42	5 9	5 30	5 48	6 6	6 23	6 42	7 4	7 32	8 12
2019														
Jan. 5	4 6	3 10	3 46	4 12	4 48	5 14	5 34	5 52	6 9	6 26	6 44	7 6	7 33	8 11

Example:—To find the time of Sunset in Canberra (Latitude 35.3°S.) on Saturday, July 21st, 2018. On July 15th L.M.T. = 5h. 17m. − 5.³⁄₁₀ × 24m. = 5h. 4m., on July 22nd L.M.T. = 5h. 21m. − 5.³⁄₁₀ × 22m. = 5h. 9m., therefore L.M.T. on July 21st = 5h. 4m. + ⁶⁄₇ × 5m. = 5h. 8m. P.M.

(Upper table)

Block 1

Sidereal Time (H. M. S.)	10 ♈	11 ♉	12 ♊	Ascen ♋	2 ♌	3 ♍
0 0 0	0	9	22	26 36	12	3
0 3 40	1	10	23	27 17	13	3
0 7 20	2	11	24	27 56	14	4
0 11 0	3	12	25	28 42	15	5
0 14 41	4	13	25	29 17	15	6
0 18 21	5	14	26	29 55	16	7
0 22 2	6	15	27	0♌ 34	17	8
0 25 42	7	16	28	1 14	18	8
0 29 23	8	17	29	1 55	18	9
0 33 4	9	18	♋	2 33	19	10
0 36 45	10	19	1	3 14	20	11
0 40 26	11	20	1	3 54	20	12
0 44 8	12	21	2	4 33	21	13
0 47 50	13	22	3	5 12	22	14
0 51 32	14	23	4	5 52	23	15
0 55 14	15	24	5	6 30	23	15
0 58 57	16	25	6	7 9	24	16
1 2 40	17	26	6	7 50	25	17
1 6 23	18	27	7	8 30	26	18
1 10 7	19	28	8	9 9	26	19
1 13 51	20	29	9	9 48	27	19
1 17 35	21	♊	10	10 28	28	20
1 21 20	22	1	10	11 8	28	21
1 25 6	23	2	11	11 48	29	22
1 28 52	24	3	12	12 28	♍	23
1 32 38	25	4	13	13 8	1	24
1 36 25	26	5	14	13 48	1	25
1 40 12	27	6	14	14 28	2	25
1 44 0	28	7	15	15 8	3	26
1 47 48	29	8	16	15 48	4	27
1 51 37	30	9	17	16 28	4	28

Block 2

Sidereal Time (H. M. S.)	10 ♉	11 ♊	12 ♋	Ascen ♌	2 ♍	3 ♎
1 51 37	0	9	17	16 28	4	28
1 55 27	1	10	18	17 8	5	29
1 59 17	2	11	19	17 48	6	♎
2 3 8	3	12	19	18 28	7	1
2 6 59	4	13	20	19 9	8	2
2 10 51	5	14	21	19 49	9	2
2 14 44	6	15	22	20 29	9	3
2 18 37	7	16	22	21 10	10	4
2 22 31	8	17	23	21 51	11	5
2 26 25	9	18	24	22 32	11	6
2 30 20	10	19	25	23 14	12	7
2 34 16	11	20	25	23 55	13	8
2 38 13	12	21	26	24 36	14	9
2 42 10	13	22	27	25 17	15	10
2 46 8	14	23	28	25 58	15	11
2 50 7	15	24	29	26 40	16	12
2 54 7	16	25	29	27 22	17	12
2 58 7	17	26	♌	28 4	18	13
3 2 8	18	27	1	28 46	18	14
3 6 9	19	27	2	29 28	19	15
3 10 12	20	28	3	0♍ 12	20	16
3 14 15	21	29	3	0 54	21	17
3 18 19	22	♋	4	1 36	22	18
3 22 23	23	1	5	2 20	22	19
3 26 29	24	2	6	3 2	23	20
3 30 35	25	3	7	3 45	24	21
3 34 41	26	4	7	4 28	25	22
3 38 49	27	5	8	5 11	26	23
3 42 57	28	6	9	5 54	27	24
3 47 6	29	7	10	6 38	27	25
3 51 15	30	8	11	7 21	28	25

Block 3

Sidereal Time (H. M. S.)	10 ♊	11 ♋	12 ♌	Ascen ♍	2 ♍	3 ♎
3 51 15	0	8	11	7 21	28	25
3 55 25	1	9	12	8 5	29	26
3 59 36	2	10	12	8 49	♎	27
4 3 48	3	10	13	9 33	1	28
4 8 0	4	11	14	10 17	2	29
4 12 13	5	12	15	11 2	2	♏
4 16 26	6	13	16	11 46	3	1
4 20 40	7	14	17	12 30	4	2
4 24 55	8	15	17	13 15	5	3
4 29 10	9	16	18	14 0	6	4
4 33 26	10	17	19	14 45	7	5
4 37 42	11	18	20	15 30	8	6
4 41 59	12	19	21	16 15	8	7
4 46 16	13	20	21	17 0	9	8
4 50 34	14	21	22	17 45	10	9
4 54 52	15	22	23	18 30	11	10
4 59 10	16	23	24	19 16	12	11
5 3 29	17	24	25	20 3	13	12
5 7 49	18	25	26	20 49	14	13
5 12 9	19	25	27	21 35	14	14
5 16 29	20	26	28	22 20	15	14
5 20 49	21	27	28	23 6	16	15
5 25 9	22	28	29	23 51	17	16
5 29 30	23	29	♏	23 37	18	17
5 33 51	24	♌	1	25 23	19	18
5 38 12	25	1	2	26 9	20	19
5 42 34	26	2	3	26 55	21	20
5 46 55	27	3	4	27 41	21	21
5 51 17	28	4	4	28 27	22	22
5 55 38	29	5	5	29 13	23	23
6 0 0	30	6	6	30 0	24	24

(Lower table)

Block 1

Sidereal Time (H. M. S.)	10 ♋	11 ♌	12 ♍	Ascen ♎	2 ♎	3 ♏
6 0 0	0	6	6	0 0	24	24
6 4 22	1	7	7	0 47	25	25
6 8 43	2	8	8	1 33	26	26
6 13 5	3	9	9	2 19	27	27
6 17 26	4	10	10	3 5	27	28
6 21 48	5	11	10	3 51	28	29
6 26 9	6	12	11	4 37	29	♏
6 30 30	7	13	12	5 23	♏	1
6 34 51	8	14	13	6 9	1	2
6 39 11	9	15	14	6 55	2	3
6 43 31	10	16	15	7 40	2	4
6 47 51	11	16	16	8 26	3	4
6 52 11	12	17	16	9 12	4	5
6 56 31	13	18	17	9 58	5	6
7 0 50	14	19	18	10 43	6	7
7 5 8	15	20	19	11 28	7	8
7 9 26	16	21	20	12 14	8	9
7 13 44	17	22	21	12 59	8	10
7 18 1	18	23	22	13 45	9	11
7 22 18	19	24	23	14 30	10	12
7 26 34	20	25	24	15 11	13	13
7 30 50	21	26	25	16 0	12	14
7 35 5	22	27	25	16 45	13	14
7 39 20	23	28	26	17 30	13	16
7 43 34	24	29	27	18 15	14	17
7 47 47	25	♍	28	18 59	15	18
7 52 0	26	1	29	19 43	16	19
7 56 12	27	2	29	20 27	17	20
8 0 24	28	3	♎	21 11	18	20
8 4 35	29	4	1	21 56	18	21
8 8 45	30	5	2	22 40	19	22

Block 2

Sidereal Time (H. M. S.)	10 ♌	11 ♍	12 ♎	Ascen ♎	2 ♏	3 ♐
8 8 45	0	5	2	22 40	19	22
8 12 54	1	5	3	23 24	20	23
8 17 3	2	6	3	24 7	21	24
8 21 11	3	7	4	24 50	22	25
8 25 19	4	8	5	25 34	23	26
8 29 26	5	9	6	26 18	23	27
8 33 31	6	10	7	27 1	24	28
8 37 37	7	11	8	27 44	25	29
8 41 41	8	12	8	28 26	26	♐
8 45 45	9	13	9	29 9	27	1
8 49 48	10	14	10	29 50	27	2
8 53 51	11	15	11	0♏ 32	28	3
8 57 52	12	16	12	1 15	29	4
9 1 53	13	17	12	1 58	♐	4
9 5 53	14	18	13	2 39	1	5
9 9 53	15	18	14	3 21	1	6
9 13 52	16	19	15	4 3	2	7
9 17 50	17	20	16	4 44	3	8
9 21 47	18	21	16	5 26	3	9
9 25 44	19	22	17	6 7	4	10
9 29 40	20	23	18	6 48	5	11
9 33 35	21	24	18	7 29	5	12
9 37 29	22	25	19	8 9	6	13
9 41 23	23	26	20	8 50	7	14
9 45 16	24	27	21	9 31	8	15
9 49 9	25	28	22	10 11	9	16
9 53 1	26	28	23	10 51	9	17
9 56 52	27	29	23	11 32	10	18
10 0 43	28	♎	24	12 12	11	19
10 4 33	29	1	25	12 53	12	20
10 8 23	30	2	26	13 33	13	20

Block 3

Sidereal Time (H. M. S.)	10 ♍	11 ♎	12 ♎	Ascen ♏	2 ♐	3 ♑
10 8 23	0	2	26	13 33	13	20
10 12 12	1	3	26	14 13	14	21
10 16 0	2	4	27	14 53	15	22
10 19 48	3	5	28	15 33	15	23
10 23 35	4	5	29	16 13	16	24
10 27 22	5	6	29	16 52	17	25
10 31 8	6	7	♏	17 32	18	26
10 34 54	7	8	1	18 12	19	27
10 38 40	8	9	2	18 52	20	28
10 42 25	9	10	2	19 31	20	29
10 46 9	10	11	3	20 11	21	♒
10 49 53	11	11	4	20 50	22	1
10 53 37	12	12	4	21 29	23	2
10 57 20	13	13	5	22 9	24	3
11 1 3	14	14	6	22 49	24	4
11 4 46	15	15	7	23 28	25	5
11 8 28	16	16	7	24 8	26	6
11 12 10	17	17	8	24 47	27	8
11 15 52	18	17	9	25 27	28	9
11 19 34	19	18	10	26 6	29	10
11 23 15	20	19	10	26 45	♑	11
11 26 56	21	20	11	27 25	0	12
11 30 37	22	21	12	28 5	1	13
11 34 18	23	22	13	28 43	2	14
11 37 58	24	23	13	29 22	3	15
11 41 39	25	23	14	0♐ 1	3	16
11 45 19	26	24	15	0 43	4	17
11 49 0	27	25	15	1 23	6	18
11 52 40	28	26	16	2 3	6	19
11 56 20	29	27	17	2 43	7	20
12 0 0	30	27	17	3 23	8	21

TABLES OF HOUSES FOR LONDON, *Latitude* 51° 32' N.

Upper half

Sidereal Time H. M. S.	10 ♎	11 ♏	12 ♐	Ascen ° '	2 ♑	3 ♒
12 0 0	0	27	17	3 23	8	6
12 3 40	1	28	18	4 4	9	7
12 7 20	2	29	19	4 45	10	9
12 11 0	3	♏	20	5 26	11	10
12 14 41	4	1	20	6 7	12	11
12 18 21	5	1	21	6 48	13	12
12 22 2	6	2	22	7 29	14	14
12 25 42	7	3	23	8 10	15	15
12 29 23	8	4	23	8 51	16	16
12 33 4	9	5	24	9 33	17	17
12 36 45	10	6	25	10 15	18	18
12 40 26	11	6	25	10 57	19	20
12 44 8	12	7	26	11 40	20	21
12 47 50	13	8	27	12 22	21	22
12 51 32	14	9	28	13 4	22	23
12 55 14	15	10	28	13 47	23	25
12 58 57	16	11	29	14 30	24	26
13 2 40	17	11	♐	15 14	25	27
13 6 23	18	12	1	15 59	26	28
13 10 7	19	13	1	16 44	27	29
13 13 51	20	14	2	17 29	28	♒
13 17 35	21	15	3	18 14	29	2
13 21 20	22	16	4	19 0	♑	3
13 25 6	23	16	4	19 45	1	5
13 28 52	24	17	5	20 31	2	6
13 32 38	25	18	6	21 18	4	7
13 36 25	26	19	7	22 6	5	9
13 40 12	27	20	7	22 54	6	10
13 44 0	28	21	8	23 42	7	11
13 47 48	29	21	9	24 31	8	13
13 51 37	30	22	10	25 20	10	14

Sidereal Time H. M. S.	10 ♏	11 ♏	12 ♐	Ascen ° '	2 ♒	3 ♓
13 51 37	0	22	10	25 20	10	27
13 55 27	1	23	11	26 10	11	28
13 59 17	2	24	11	27 2	12	♈
14 3 8	3	25	12	27 53	14	1
14 6 59	4	26	13	28 45	15	2
14 10 51	5	26	14	29 36	16	4
14 14 44	6	27	15	0 ♑ 29	18	5
14 18 37	7	28	15	1 23	19	6
14 22 31	8	29	16	2 18	20	8
14 26 25	9	♐	17	3 14	22	9
14 30 20	10	1	18	4 11	23	10
14 34 16	11	2	19	5 9	24	11
14 38 13	12	2	20	6 9	26	13
14 42 10	13	3	20	7 10	27	14
14 46 8	14	4	21	8 14	29	15
14 50 7	15	5	22	9 22	♓	17
14 54 7	16	6	23	10 33	2	18
14 58 7	17	7	24	11 46	4	19
15 2 8	18	8	25	13 1	6	21
15 6 9	19	9	26	14 18	8	22
15 10 12	20	10	27	15 37	10	23
15 14 15	21	10	27	16 59	11	24
15 18 19	22	11	28	18 22	13	26
15 22 23	23	12	29	19 48	15	27
15 26 29	24	13	♑	21 16	16	28
15 30 35	25	14	1	20 32	17	29
15 34 41	26	15	2	21 48	19	♈
15 38 49	27	16	3	23 8	21	1
15 42 57	28	17	4	24 29	22	3
15 47 6	29	18	5	25 51	24	5
15 51 15	30	18	6	27 15	26	6

Sidereal Time H. M. S.	10 ♐	11 ♐	12 ♑	Ascen ° '	2 ♓	3 ♈/♉
15 51 15	0	18	6	27 15	26	6
15 55 25	1	19	7	28 42	28	7
15 59 36	2	20	8	0 ♒ 11	♈	9
16 3 48	3	21	9	1 42	2	10
16 8 0	4	22	10	3 16	3	11
16 12 13	5	23	11	4 53	5	12
16 16 26	6	24	12	6 32	7	14
16 20 40	7	25	13	8 13	9	15
16 24 55	8	26	14	9 57	11	16
16 29 10	9	27	15	11 44	12	17
16 33 26	10	28	17	13 34	14	18
16 37 42	11	29	18	15 29	15	20
16 41 59	12	♑	19	17 20	17	21
16 46 16	13	1	20	19 18	19	22
16 50 34	14	2	21	20 28	21	23
16 54 52	15	3	22	23 22	23	25
16 59 10	16	4	24	24 4	25	26
17 3 29	17	5	25	25 27	26	27
17 7 49	18	6	26	0 ♈ 28	2	28
17 12 9	19	7	27	2 19	7	29
17 16 29	20	8	29	8 29	4	♉
17 20 49	21	9	♒	7 2	3	1
17 25 9	22	10	1	9 26	5	2
17 29 30	23	11	3	11 44	6	4
17 33 51	24	12	4	14 24	8	5
17 38 12	25	13	5	17 0	10	6
17 42 34	26	14	7	19 33	11	7
17 46 55	27	15	8	22 6	13	8
17 51 17	28	16	10	24 40	14	9
17 55 38	29	17	11	27 20	16	10
18 0 0	30	18	13	30 0	17	11

Lower half

Sidereal Time H. M. S.	10 ♑	11 ♑	12 ♒	Ascen ° '	2 ♉	3 ♊
18 0 0	0	18	13	0 0	17	11
18 4 22	1	20	14	2 39	19	13
18 8 43	2	21	16	5 19	20	14
18 13 5	3	22	17	7 55	22	16
18 17 26	4	23	19	10 29	23	16
18 21 48	5	24	20	13 2	25	17
18 26 9	6	25	21	15 36	26	19
18 30 30	7	26	23	18 6	28	19
18 34 51	8	27	25	20 41	♊	21
18 39 11	9	29	27	22 59	2	22
18 43 31	10	♒	28	25 22	1	22
18 47 51	11	1	♈	27 42	2	23
18 52 11	12	2	2	29 58	4	24
18 56 31	13	3	3	2 ♉ 13	5	25
19 0 50	14	4	5	4 24	6	26
19 5 8	15	6	7	6 30	8	27
19 9 26	16	7	9	8 36	9	28
19 13 44	17	8	10	10 40	11	29
19 18 1	18	9	12	12 39	11	♋
19 22 18	19	10	14	14 35	12	1
19 26 34	20	12	16	16 29	13	2
19 30 50	21	13	18	17 14	14	3
19 35 5	22	14	19	20 3	16	4
19 39 20	23	15	21	21 41	17	4
19 43 34	24	16	23	23 29	18	5
19 47 47	25	18	25	25 9	19	7
19 52 0	26	19	27	26 50	21	8
19 56 12	27	20	28	28 18	21	9
20 0 24	28	21	♈	29 49	22	10
20 4 35	29	23	2	1 Ⅱ 19	23	11
20 8 45	30	24	4	2 45	24	12

Sidereal Time H. M. S.	10 ♒	11 ♒	12 ♈	Ascen ♊ ° '	2 ♊	3 ♋
20 8 45	0	24	4	2 45	24	12
20 12 54	1	25	6	4 9	25	13
20 17 3	2	27	7	5 32	26	13
20 21 11	3	28	9	6 53	27	14
20 25 19	4	29	11	8 12	28	15
20 29 26	5	♓	13	9 27	29	16
20 33 31	6	2	14	10 43	♋	17
20 37 37	7	3	16	11 58	1	18
20 41 41	8	4	18	13 9	2	19
20 45 45	9	6	19	14 18	3	20
20 49 48	10	7	21	15 25	3	21
20 53 51	11	8	23	16 32	4	21
20 57 52	12	9	24	17 39	5	22
21 1 53	13	11	26	18 44	6	23
21 5 53	14	12	29	19 48	7	24
21 9 53	15	13	29	20 51	8	25
21 13 52	16	15	♉	21 53	9	26
21 17 50	17	16	2	22 53	10	27
21 21 47	18	17	4	23 52	10	28
21 25 44	19	19	5	24 51	11	28
21 29 30	20	20	7	25 48	12	29
21 33 35	21	22	8	26 44	13	♌
21 37 29	22	23	10	27 40	14	1
21 41 23	23	24	11	28 34	15	2
21 45 16	24	25	13	29 15	15	3
21 49 9	25	26	14	0 ♋ 22	16	4
21 53 1	26	28	15	1 15	17	4
21 56 52	27	29	16	2 7	18	5
22 0 43	28	♈	18	2 57	19	6
22 4 33	29	2	19	3 48	19	7
22 8 23	30	3	20	4 38	20	8

Sidereal Time H. M. S.	10 ♓	11 ♈	12 ♉	Ascen ♋ ° '	2 ♋	3 ♌
22 8 23	0	3	20	4 38	20	8
22 12 12	1	4	21	5 28	21	8
22 16 0	2	6	23	6 17	22	9
22 19 48	3	7	24	7 5	23	11
22 23 35	4	8	25	7 53	23	11
22 27 22	5	9	26	8 42	24	12
22 31 8	6	10	28	9 29	25	13
22 34 54	7	12	29	10 16	26	14
22 38 40	8	13	♊ 11	11 2	26	14
22 42 25	9	14	11	11 47	27	15
22 46 9	10	15	2	12 31	28	16
22 49 53	11	17	3	13 15	29	17
22 53 37	12	18	4	14 1	29	18
22 57 20	13	19	5	14 45	♌	19
23 1 3	14	20	6	15 28	1	19
23 4 46	15	21	7	16 11	2	20
23 8 28	16	23	8	16 54	2	21
23 12 10	17	24	9	17 37	3	22
23 15 52	18	25	10	18 20	4	23
23 19 34	19	26	11	19 3	5	24
23 23 15	20	27	12	19 45	5	24
23 26 56	21	29	13	20 26	6	25
23 30 37	22	♉	14	21 8	7	26
23 34 15	23	1	15	21 50	7	27
23 37 58	24	2	16	22 31	8	28
23 41 39	25	3	17	23 12	9	28
23 45 19	26	4	18	23 53	9	29
23 49 0	27	5	19	24 32	10	♍
23 52 40	28	6	20	25 15	11	1
23 56 20	29	8	21	25 56	12	2
24 0 0	30	9	22	26 36	13	3

TABLES OF HOUSES FOR LIVERPOOL, Latitude 53° 25′ N.

Sidereal Time 0h – 1h 51m

Sidereal Time H.M.S.	10 ♈	11 ♉	12 ♊	Ascen ♋ ° ′	2 ♌	3 ♍
0 0 0	0	9	24	28 12	14	3
0 3 40	1	10	25	28 51	14	4
0 7 20	2	12	25	29 30	15	4
0 11 0	3	13	26	0♋9	16	5
0 14 41	4	14	27	0 48	17	6
0 18 21	5	15	28	1 27	17	7
0 22 2	6	16	29	2 6	18	8
0 25 42	7	17	♋	2 44	19	9
0 29 23	8	18	1	3 22	19	10
0 33 4	9	19	1	4 1	20	10
0 36 45	10	20	2	4 39	21	11
0 40 26	11	21	3	5 18	22	12
0 44 8	12	22	4	5 56	22	13
0 47 50	13	23	5	6 34	23	14
0 51 32	14	24	6	7 13	24	14
0 55 14	15	25	6	7 51	24	15
0 58 57	16	26	7	8 30	25	16
1 2 40	17	27	8	9 8	26	17
1 6 23	18	28	9	9 47	26	18
1 10 7	19	29	10	10 25	27	19
1 13 51	20	♊	11	11 4	28	19
1 17 35	21	1	11	11 43	28	20
1 21 20	22	2	12	12 21	29	21
1 25 6	23	3	13	13 0	♍	22
1 28 52	24	4	14	13 39	1	23
1 32 38	25	5	15	14 17	1	24
1 36 25	26	6	15	14 56	2	25
1 40 12	27	7	16	15 35	3	25
1 44 0	28	8	17	16 14	3	26
1 47 48	29	9	18	16 53	4	27
1 51 37	30	10	18	17 32	5	28

Sidereal Time 1h 51m – 3h 51m

Sidereal Time H.M.S.	10 ♉	11 ♊	12 ♋	Ascen ♌ ° ′	2 ♍	3 ♍
1 51 37	0	10	18	17 32	5	28
1 55 27	1	11	19	18 11	6	29
1 59 17	2	12	20	18 51	6	♎
2 3 8	3	13	21	19 30	7	1
2 6 59	4	14	22	20 9	8	2
2 10 51	5	15	22	20 49	9	2
2 14 44	6	16	23	21 28	9	3
2 18 37	7	17	24	22 8	10	4
2 22 31	8	18	25	22 48	11	5
2 26 25	9	19	25	23 28	12	6
2 30 20	10	20	26	24 8	12	7
2 34 16	11	21	27	24 48	13	8
2 38 13	12	22	28	25 28	14	9
2 42 10	13	23	29	26 8	15	10
2 46 8	14	24	29	26 49	15	10
2 50 7	15	25	♌	27 29	16	11
2 54 7	16	26	1	28 10	17	12
2 58 7	17	27	2	28 51	18	13
3 2 8	18	28	2	29 32	19	14
3 6 9	19	29	3	0♍13	19	15
3 10 12	20	29	4	0 54	20	16
3 14 15	21	♋	5	1 36	21	17
3 18 19	22	1	5	2 17	22	18
3 22 23	23	2	6	2 59	23	19
3 26 29	24	3	7	3 41	23	20
3 30 35	25	4	8	4 23	24	21
3 34 41	26	5	9	5 5	25	22
3 38 49	27	6	10	5 47	26	22
3 42 57	28	7	10	6 29	27	23
3 47 6	29	8	11	7 12	27	24
3 51 15	30	9	12	7 55	28	25

Sidereal Time 3h 51m – 6h

Sidereal Time H.M.S.	10 ♊	11 ♋	12 ♌	Ascen ♍ ° ′	2 ♎	3 ♎
3 51 15	0	9	12	7 55	28	25
3 55 25	1	10	13	8 37	29	26
3 59 36	2	11	13	9 20	♎	27
4 3 48	3	12	14	10 3	1	28
4 8 0	4	12	15	10 46	2	29
4 12 13	5	13	16	11 30	2	♏
4 16 26	6	14	17	12 13	3	1
4 20 40	7	15	18	12 56	4	2
4 24 55	8	16	18	13 40	5	3
4 29 10	9	17	19	14 24	6	4
4 33 26	10	18	20	15 8	7	5
4 37 42	11	19	21	15 52	7	6
4 41 59	12	20	21	16 36	8	6
4 46 16	13	21	22	17 20	9	7
4 50 34	14	22	23	18 4	10	8
4 54 52	15	23	24	18 48	11	9
4 59 10	16	24	25	19 32	12	10
5 3 29	17	24	26	20 17	12	11
5 7 49	18	25	26	21 1	13	12
5 12 9	19	26	27	21 46	14	13
5 16 29	20	27	28	22 31	15	14
5 20 49	21	28	29	23 16	16	15
5 25 9	22	29	♍	24 0	17	16
5 29 30	23	♌	1	24 45	18	17
5 33 51	24	1	1	25 30	18	18
5 38 12	25	2	2	26 15	19	19
5 42 34	26	3	3	27 0	20	20
5 46 55	27	4	4	27 45	21	21
5 51 17	28	5	5	28 30	22	22
5 55 38	29	6	6	29 15	23	22
6 0 0	30	7	7	30 0	23	23

Sidereal Time 6h – 8h 8m

Sidereal Time H.M.S.	10 ♋	11 ♌	12 ♍	Ascen ♎ ° ′	2 ♎	3 ♏
6 0 0	0	7	7	0 23	23	23
6 4 22	1	8	7	0 45	24	24
6 8 43	2	9	8	1 30	25	25
6 13 5	3	9	9	2 15	26	26
6 17 26	4	10	10	3 0	27	27
6 21 48	5	11	11	3 45	28	28
6 26 9	6	12	12	4 30	29	29
6 30 30	7	13	12	5 15	29	♐
6 34 51	8	14	13	6 0	♏	1
6 39 11	9	15	14	6 44	1	2
6 43 31	10	16	15	7 29	2	3
6 47 51	11	17	16	8 14	3	4
6 52 11	12	18	17	8 59	4	5
6 56 31	13	19	18	9 43	4	6
7 0 50	14	20	18	10 27	5	6
7 5 8	15	21	19	11 6	7	7
7 9 26	16	22	20	11 56	7	8
7 13 44	17	23	21	12 40	8	9
7 18 1	18	24	22	13 23	8	10
7 22 18	19	24	22	14 5	9	11
7 26 34	20	25	23	14 52	10	12
7 30 50	21	26	24	15 36	11	13
7 35 5	22	27	25	16 20	12	14
7 39 20	23	28	26	17 4	13	16
7 43 34	24	29	27	17 47	13	16
7 47 47	25	♍	28	18 30	14	17
7 52 0	26	1	28	19 13	15	18
7 56 12	27	2	29	19 57	16	18
8 0 24	28	3	♎	20 40	17	19
8 4 35	29	4	1	21 23	17	20
8 8 45	30	5	2	22 5	18	21

Sidereal Time 8h 8m – 10h 8m

Sidereal Time H.M.S.	10 ♌	11 ♍	12 ♎	Ascen ♎ ° ′	2 ♏	3 ♐
8 8 45	0	5	2	22 5	18	21
8 12 54	1	6	2	22 48	19	22
8 17 3	2	7	3	23 30	20	23
8 21 11	3	8	3	24 13	20	24
8 25 19	4	8	5	24 55	21	25
8 29 26	5	9	6	25 37	22	26
8 33 31	6	10	7	26 19	23	27
8 37 37	7	11	7	27 1	24	28
8 41 41	8	12	8	27 43	25	29
8 45 45	9	13	9	28 24	25	♑
8 49 48	10	14	10	29 6	26	1
8 53 51	11	15	11	29 47	27	1
8 57 52	12	16	11	0♏28	28	2
9 1 53	13	17	12	1 9	28	3
9 5 53	14	18	13	1 50	29	4
9 9 53	15	19	14	2 31	♐	5
9 13 52	16	19	15	3 11	1	6
9 17 50	17	20	15	3 52	1	7
9 21 47	18	21	16	4 32	2	8
9 25 44	19	22	17	5 12	3	9
9 29 40	20	23	18	5 52	4	10
9 33 35	21	24	18	6 32	5	11
9 37 29	22	25	19	7 12	5	12
9 41 23	23	26	20	7 52	6	13
9 45 16	24	27	21	8 32	7	14
9 49 9	25	27	21	9 12	8	15
9 53 1	26	28	22	9 51	8	16
9 56 52	27	29	23	10 30	9	17
10 0 43	28	♎	24	11 9	10	17
10 4 33	29	1	24	11 49	11	18
10 8 23	30	2	25	12 28	11	19

Sidereal Time 10h 8m – 12h

Sidereal Time H.M.S.	10 ♍	11 ♎	12 ♎	Ascen ♏ ° ′	2 ♐	3 ♑
10 8 23	0	2	25	12 28	11	19
10 12 12	1	3	26	13 6	12	20
10 16 0	2	4	27	13 45	13	21
10 19 48	3	4	27	14 25	14	22
10 23 35	4	5	28	15 4	15	23
10 27 22	5	6	29	15 42	15	24
10 31 8	6	7	29	16 21	16	25
10 34 54	7	8	♏	17 0	17	26
10 38 40	8	9	1	17 39	18	27
10 42 25	9	10	2	18 17	18	27
10 46 9	10	10	2	18 55	19	29
10 49 53	11	11	3	19 34	20	♑
10 53 37	12	12	4	20 13	21	1
10 57 20	13	13	4	20 52	22	2
11 1 3	14	14	5	21 30	22	3
11 4 46	15	15	6	22 8	23	5
11 8 28	16	16	7	22 46	24	6
11 12 10	17	16	7	23 25	25	7
11 15 52	18	17	8	24 4	26	8
11 19 34	19	18	9	24 42	26	9
11 23 15	20	19	9	25 21	27	10
11 26 56	21	20	10	25 59	28	11
11 30 37	22	20	11	26 38	29	12
11 34 18	23	21	12	27 17	♑	13
11 37 58	24	22	12	27 54	1	14
11 41 39	25	23	13	28 33	1	15
11 45 19	26	24	14	29 12	2	16
11 49 0	27	25	14	29 50	3	17
11 52 40	28	26	15	0♐30	4	18
11 56 20	29	26	16	1 9	5	20
12 0 0	30	27	16	1 48	6	21

TABLES OF HOUSES FOR LIVERPOOL, Latitude 53° 25' N

Upper Section

Panel 1

Sidereal Time (H. M. S.)	10 ♎	11 ♎	12 ♏	Ascen ♐	2 ♑	3 ♒
12 0 0	0	27	16	1 48	6	21
12 3 40	1	28	17	2 27	7	22
12 7 20	2	29	18	3 6	8	23
12 11 0	3	♏	18	3 46	9	24
12 14 41	4	0	19	4 25	10	25
12 18 21	5	1	20	5 6	10	26
12 22 2	6	2	21	5 46	11	28
12 25 42	7	3	21	6 26	12	29
12 29 23	8	4	22	7 6	13	♓
12 33 4	9	4	23	7 46	14	1
12 36 45	10	5	24	8 27	15	2
12 40 26	11	6	24	9 8	16	3
12 44 8	12	7	25	9 49	17	5
12 47 50	13	8	26	10 30	18	6
12 51 32	14	9	26	11 12	19	7
12 55 14	15	9	27	11 54	20	8
12 58 57	16	10	28	12 36	21	10
13 2 40	17	11	28	13 19	22	11
13 6 23	18	12	29	14 2	23	12
13 10 7	19	13	♐	14 45	25	13
13 13 51	20	13	1	15 28	26	15
13 17 35	21	14	1	16 12	27	16
13 21 20	22	15	2	16 56	28	17
13 25 6	23	16	3	17 41	29	18
13 28 52	24	17	4	18 26	♒	19
13 32 38	25	18	4	19 11	1	21
13 36 25	26	18	5	19 57	3	22
13 40 12	27	19	6	20 43	4	23
13 44 0	28	20	7	21 31	5	24
13 47 48	29	21	7	22 19	6	26
13 51 37	30	21	8	23 6	8	27

Panel 2

Sidereal Time (H. M. S.)	10 ♏	11 ♏	12 ♐	Ascen ♐	2 ♒	3 ♓
13 51 37	0	21	8	23 6	8	27
13 55 27	1	22	9	23 55	9	28
13 59 17	2	23	10	24 43	10	♈
14 3 8	3	24	10	25 33	12	1
14 6 59	4	25	11	26 23	13	2
14 10 51	5	26	12	27 14	15	4
14 14 44	6	26	13	28 6	16	5
14 18 37	7	27	13	28 59	18	6
14 22 31	8	28	14	29 52	19	8
14 26 25	9	29	15	0 ♑ 46	20	9
14 30 20	10	♐	16	1 41	22	10
14 34 16	11	1	17	2 36	23	11
14 38 13	12	2	18	3 33	25	13
14 42 10	13	2	18	4 30	26	14
14 46 16	14	3	19	5 29	28	16
14 50 7	15	4	20	6 29	♓	17
14 54 7	16	5	21	7 30	1	18
14 58 7	17	6	22	8 32	3	20
15 2 7	18	7	23	9 35	5	21
15 6 9	19	8	24	10 39	6	22
15 10 14	20	8	24	11 45	8	24
15 14 15	21	9	25	12 52	10	25
15 18 19	22	10	26	14 1	11	27
15 22 23	23	11	27	15 11	13	28
15 26 29	24	12	28	16 23	15	♈
15 30 35	25	13	29	17 37	17	8
15 34 41	26	14	♑	18 49	18	1
15 38 49	27	15	1	20 10	21	3
15 42 57	28	16	2	21 22	22	4
15 47 6	29	16	3	22 51	24	5
15 51 15	30	17	4	24 15	26	7

Panel 3

Sidereal Time (H. M. S.)	10 ♐	11 ♐	12 ♑	Ascen ♓	2 ♈	3 ♉
15 51 15	0	17	4	24 15	26	7
15 55 25	1	18	5	25 41	28	8
15 59 36	2	19	6	27 10	♈	9
16 3 48	3	20	7	28 41	2	10
16 8 0	4	21	8	0 ♈ 14	4	12
16 12 13	5	22	9	1 50	5	13
16 16 26	6	23	10	3 30	7	14
16 20 40	7	24	11	5 13	9	15
16 24 55	8	25	12	6 58	11	17
16 29 10	9	26	13	8 46	13	18
16 33 26	10	27	14	10 38	15	19
16 37 42	11	28	15	12 32	17	20
16 41 59	12	29	16	14 31	19	22
16 46 16	13	♑	18	16 33	20	23
16 50 34	14	1	19	18 40	22	24
16 54 52	15	2	20	20 50	24	25
16 59 10	16	3	21	23 4	26	26
17 3 29	17	4	22	25 21	28	28
17 7 49	18	5	24	27 42	29	29
17 12 9	19	6	25	0 ♉ 8	♊	♊
17 16 29	20	7	26	2 37	3	1
17 20 49	21	8	28	5 10	5	3
17 25 9	22	9	29	7 46	6	4
17 29 30	23	10	♒	10 24	8	5
17 33 51	24	11	2	13 7	10	6
17 38 12	25	12	3	15 52	11	7
17 42 34	26	13	4	18 38	13	9
17 46 55	27	14	6	21 27	15	10
17 51 17	28	15	7	24 16	16	11
17 55 38	29	16	9	27 9	18	12
18 0 0	30	17	11	0 ♊ 0	19	13

Lower Section

Panel 4

Sidereal Time (H. M. S.)	10 ♑	11 ♑	12 ♒	Ascen ♈	2 ♉	3 ♊
18 0 0	0	17	11	0 0	19	13
18 4 22	1	18	12	0 52	21	14
18 8 43	2	20	14	1 43	23	15
18 13 5	3	21	15	2 33	24	16
18 17 26	4	22	17	3 22	25	17
18 21 48	5	23	19	4 8	27	18
18 26 9	6	24	20	4 53	28	19
18 30 30	7	25	22	5 36	♊	20
18 34 51	8	26	24	6 14	1	20
18 39 11	9	27	25	6 50	2	22
18 43 31	10	29	27	7 23	4	23
18 47 51	11	♒	29	7 52	5	24
18 52 11	12	1	♓	8 25	6	25
18 56 31	13	2	2	8 52	7	26
19 0 50	14	4	4	9 27	8	27
19 5 8	15	5	6	10 1	10	28
19 9 26	16	6	8	10 29	11	29
19 13 44	17	7	10	11 0	13	♋
19 18 1	18	8	11	11 29	14	1
19 22 18	19	9	13	11 57	15	2
19 26 34	20	11	15	12 22	16	3
19 30 50	21	12	17	14 17	18	4
19 35 5	22	13	19	2 18	19	5
19 39 20	23	15	21	2 47	19	6
19 43 34	24	16	23	3 20	7	7
19 47 47	25	17	25	3 10	21	8
19 52 0	26	18	26	3 46	22	9
19 56 12	27	20	28	1 19	23	10
20 0 24	28	21	♈	2 50	24	11
20 4 35	29	22	2	4 19	25	12
20 8 45	30	23	4	5 45	26	13

Panel 5

Sidereal Time (H. M. S.)	10 ♒	11 ♒	12 ♈	Ascen ♊	2 ♊	3 ♋
20 8 45	0	23	4	5 45	26	13
20 12 54	1	25	6	7 9	27	14
20 17 3	2	26	8	8 31	28	14
20 21 11	3	27	9	9 50	29	15
20 25 19	4	29	11	11 7	♋	16
20 29 26	5	♓	13	12 23	1	17
20 33 31	6	1	15	13 37	2	18
20 37 37	7	3	17	14 49	3	19
20 41 41	8	4	19	15 59	4	20
20 45 45	9	5	20	17 8	5	21
20 49 48	10	7	22	18 15	6	22
20 53 51	11	8	24	19 21	7	23
20 57 52	12	10	26	20 25	8	24
21 1 53	13	11	27	21 28	9	24
21 5 53	14	13	29	22 30	10	25
21 9 53	15	13	♉	23 31	11	26
21 13 52	16	14	2	24 30	12	27
21 17 50	17	17	5	25 29	13	28
21 21 47	18	17	5	26 27	14	29
21 25 44	19	18	7	27 24	15	♌
21 29 40	20	20	9	28 19	16	1
21 33 35	21	21	10	29 13	17	2
21 37 29	22	22	12	0 ♋ 6	18	3
21 41 23	23	24	14	0 58	19	4
21 45 16	24	25	15	1 50	20	5
21 49 9	25	26	17	2 46	21	6
21 53 1	26	27	18	3 37	21	6
21 56 52	27	29	20	4 27	22	7
22 0 43	28	♈	22	5 17	23	8
22 4 33	29	1	23	6 7	24	9
22 8 23	30	3	22	6 54	22	8

Panel 6

Sidereal Time (H. M. S.)	10 ♓	11 ♈	12 ♉	Ascen ♋	2 ♋	3 ♌
22 8 23	0	3	22	6 54	22	8
22 12 12	1	4	23	7 42	23	9
22 16 0	2	5	25	7 26	23	10
22 19 48	3	7	26	8 16	24	11
22 23 35	4	8	27	10 3	25	12
22 27 22	5	9	29	9 49	26	13
22 31 8	6	11	♊	11 11	27	13
22 34 54	7	12	1	12 19	27	14
22 38 40	8	13	2	13 28	28	16
22 42 25	9	14	3	13 48	29	16
22 46 9	10	16	4	14 32	♌	17
22 49 53	11	17	5	15 58	♌	18
22 53 37	12	18	7	15 58	1	18
22 57 20	13	19	8	16 41	2	19
23 1 3	14	20	9	17 23	3	21
23 4 46	15	22	10	18 6	3	21
23 8 28	16	23	11	18 48	4	21
23 12 10	17	24	12	19 30	5	23
23 15 52	18	25	13	20 11	6	23
23 19 34	19	27	14	20 52	7	24
23 23 15	20	28	15	21 33	8	25
23 26 56	21	29	16	22 14	9	26
23 30 37	22	♉	17	22 54	9	27
23 34 19	23	1	18	23 35	10	28
23 37 58	24	2	19	24 14	11	28
23 41 39	25	4	20	24 54	10	29
23 45 19	26	5	21	25 35	11	♍
23 49 0	27	6	22	26 14	11	0
23 52 40	28	7	23	28 23	13	2
23 56 20	29	8	23	27 27	13	2
24 0 0	30	9	24	28 12	14	3

TABLES OF HOUSES FOR NEW YORK, Latitude 40° 43' N.

Sidereal Time H. M. S.	10 ♈ °	11 ♉ °	12 ♊ °	Ascen ♋ ° '	2 ♌ °	3 ♏ °
0 0 0	0	6	15	18 53	8	1
0 3 40	1	7	16	19 38	9	2
0 7 20	2	8	17	20 23	10	3
0 11 0	3	9	18	21 12	11	4
0 14 41	4	11	19	21 55	12	5
0 18 21	5	12	20	22 40	12	5
0 22 2	6	13	21	23 24	13	6
0 25 42	7	14	22	24 8	14	7
0 29 23	8	15	23	24 54	15	8
0 33 4	9	16	23	25 37	15	9
0 36 45	10	17	24	26 22	16	10
0 40 26	11	18	25	27 5	17	11
0 44 8	12	19	26	27 50	18	12
0 47 50	13	20	27	28 33	19	13
0 51 32	14	21	28	29 18	19	13
0 55 14	15	22	28	0 ♌ 3	20	14
0 58 57	16	23	29	0 46	21	15
1 2 40	17	24	0 ♋	1 31	22	16
1 6 23	18	25	1	2 14	22	17
1 10 7	19	26	2	2 58	23	18
1 13 51	20	27	3	3 43	24	19
1 17 35	21	28	3	4 27	25	20
1 21 20	22	29	4	5 12	25	21
1 25 6	23	♊	5	5 56	26	22
1 28 52	24	1	6	6 40	27	22
1 32 38	25	2	7	7 25	28	23
1 36 25	26	2	8	8 9	29	24
1 40 12	27	3	9	8 53	♍	25
1 44 0	28	4	9	9 38	1	26
1 47 48	29	5	10	10 24	1	27
1 51 37	30	6	11	11 8	2	28

Sidereal Time H. M. S.	10 ♉ °	11 ♊ °	12 ♋ °	Ascen ♌ ° '	2 ♍ °	3 ♍ °
1 51 37	0	6	11	11 8	2	28
1 55 27	1	7	12	11 53	3	29
1 59 17	2	8	13	12 38	4	♎
2 3 8	3	9	14	13 22	5	1
2 6 59	4	10	15	14 5	5	2
2 10 51	5	11	15	14 53	6	3
2 14 44	6	12	16	15 39	7	4
2 18 37	7	13	17	16 24	8	4
2 22 31	8	14	18	17 10	9	5
2 26 25	9	15	19	17 56	10	6
2 30 20	10	16	20	18 41	10	7
2 34 16	11	17	20	19 27	11	8
2 38 13	12	18	21	20 14	12	9
2 42 10	13	19	22	21 0	13	10
2 46 8	14	19	23	21 47	14	11
2 50 7	15	20	24	22 33	15	12
2 54 7	16	21	25	23 20	16	13
2 58 7	17	22	25	24 7	17	14
3 2 8	18	23	26	24 54	17	15
3 6 9	19	24	27	25 42	18	16
3 10 12	20	25	28	26 29	19	17
3 14 15	21	26	29	27 17	20	18
3 18 19	22	27	♌	28 4	21	19
3 22 23	23	28	1	28 52	22	20
3 26 20	24	29	1	29 40	23	21
3 30 35	25	♋	2	0 ♍ 28	24	22
3 34 41	26	1	3	1 17	24	23
3 38 49	27	2	4	2 6	25	24
3 42 57	28	3	5	2 55	26	25
3 47 6	29	4	6	3 43	27	26
3 51 15	30	5	7	4 32	28	27

Sidereal Time H. M. S.	10 ♊ °	11 ♋ °	12 ♌ °	Ascen ♍ ° '	2 ♍ °	3 ♎ °
3 51 15	0	5	7	4 32	28	27
3 55 25	1	6	8	5 22	29	28
3 59 36	2	6	8	6 10	♎	29
4 3 48	3	7	9	7 0	1	♏
4 8 0	4	8	10	7 49	2	1
4 12 13	5	9	11	8 40	3	2
4 16 26	6	10	12	9 30	4	3
4 20 40	7	11	13	10 19	4	4
4 24 55	8	12	14	11 10	5	5
4 29 10	9	13	15	12 0	6	6
4 33 26	10	14	16	12 51	7	7
4 37 42	11	15	16	13 41	8	8
4 41 59	12	16	17	14 32	9	9
4 46 16	13	17	18	15 23	10	10
4 50 34	14	18	19	16 14	11	11
4 54 52	15	19	20	17 5	12	12
4 59 10	16	20	21	17 56	13	13
5 3 29	17	21	22	18 47	14	14
5 7 49	18	22	23	19 39	15	15
5 12 9	19	23	24	20 30	16	16
5 16 29	20	24	25	21 22	17	17
5 20 49	21	25	25	22 13	18	18
5 25 9	22	26	26	23 5	18	19
5 29 30	23	27	27	23 57	19	20
5 33 51	24	28	28	24 49	20	21
5 38 12	25	29	29	25 40	21	22
5 42 34	26	♌	♍	26 32	22	22
5 46 55	27	1	1	27 25	23	23
5 51 17	28	2	2	28 16	24	24
5 55 38	29	3	3	29 8	25	25
6 0 0	30	4	4	30 0	26	26

Sidereal Time H. M. S.	10 ♋ °	11 ♌ °	12 ♍ °	Ascen ♎ ° '	2 ♎ °	3 ♏ °
6 0 0	0	4	4	0 0	26	26
6 4 22	1	5	5	0 52	27	27
6 8 43	2	6	6	1 44	28	28
6 13 5	3	6	7	2 35	29	29
6 17 26	4	7	8	3 28	♏	♐
6 21 48	5	8	9	4 20	1	1
6 26 9	6	9	10	5 11	2	2
6 30 30	7	10	11	6 3	3	3
6 34 51	8	11	12	6 55	3	4
6 39 11	9	12	13	7 47	4	5
6 43 31	10	13	14	8 38	5	6
6 47 51	11	14	15	9 30	6	7
6 52 11	12	15	15	10 21	7	8
6 56 31	13	16	16	11 13	8	9
7 0 50	14	17	17	12 4	9	10
7 5 8	15	18	18	12 55	10	11
7 9 26	16	19	19	13 46	11	12
7 13 44	17	20	20	14 37	12	13
7 18 1	18	21	21	15 28	13	14
7 22 18	19	22	22	16 19	14	15
7 26 34	20	23	23	17 9	14	16
7 30 50	21	24	23	18 0	15	17
7 35 5	22	25	24	18 50	16	18
7 39 20	23	26	25	19 41	17	19
7 43 34	24	27	26	20 30	18	20
7 47 47	25	28	27	21 20	19	21
7 52 0	26	29	28	22 11	20	22
7 56 12	27	♍	29	23 0	21	23
8 0 24	28	1	♎	23 50	21	24
8 4 35	29	2	1	24 38	22	24
8 8 45	30	3	2	25 28	23	25

Sidereal Time H. M. S.	10 ♌ °	11 ♍ °	12 ♎ °	Ascen ♎ ° '	2 ♏ °	3 ♐ °
8 8 45	0	3	2	25 28	23	25
8 12 54	1	4	3	26 17	24	26
8 17 3	2	5	4	27 5	25	27
8 21 11	3	6	5	27 54	26	28
8 25 19	4	7	6	28 43	27	29
8 29 26	5	8	7	29 31	28	♐
8 33 31	6	9	7	0 ♏ 20	28	1
8 37 37	7	10	8	1 8	29	2
8 41 41	8	11	9	1 56	♐	3
8 45 45	9	12	10	2 43	1	4
8 49 48	10	13	11	3 31	2	5
8 53 51	11	14	12	4 18	3	6
8 57 52	12	15	12	5 6	4	7
9 1 53	13	16	13	5 53	5	8
9 5 53	14	17	14	6 40	5	9
9 9 53	15	18	15	7 27	6	10
9 13 52	16	19	16	8 13	7	11
9 17 50	17	20	17	9 0	8	11
9 21 47	18	21	18	9 46	9	12
9 25 44	19	22	19	10 33	10	13
9 29 40	20	23	19	11 19	10	14
9 33 35	21	24	20	12 4	11	15
9 37 29	22	24	21	12 50	12	16
9 41 23	23	25	22	13 36	13	17
9 45 16	24	26	23	14 21	14	18
9 49 9	25	27	24	15 7	15	19
9 53 1	26	28	24	15 52	15	20
9 56 52	27	29	25	16 38	16	21
10 0 43	28	♎	26	17 22	17	22
10 4 33	29	1	27	18 7	18	23
10 8 23	30	2	28	18 52	19	24

Sidereal Time H. M. S.	10 ♍ °	11 ♎ °	12 ♎ °	Ascen ♏ ° '	2 ♐ °	3 ♑ °
10 8 23	0	2	28	18 52	19	24
10 12 12	1	3	29	19 36	20	25
10 16 0	2	4	29	20 20	22	26
10 19 48	3	5	♏	21 7	21	27
10 23 35	4	6	1	21 51	22	28
10 27 22	5	7	1	22 35	23	29
10 31 8	6	7	2	23 20	24	29
10 34 54	7	8	3	24 4	24	♑
10 38 40	8	9	4	24 48	25	1
10 42 25	9	10	5	25 33	26	2
10 46 9	10	11	6	26 17	27	3
10 49 53	11	12	7	27 2	28	4
10 53 37	12	13	7	27 46	29	5
10 57 20	13	14	8	28 29	♑	6
11 1 3	14	15	9	29 14	1	7
11 4 46	15	16	10	29 57	1	8
11 8 28	16	17	11	0 ♐ 42	2	9
11 12 10	17	17	11	1 27	3	10
11 15 52	18	18	12	2 10	4	11
11 19 34	19	19	13	2 55	5	12
11 23 15	20	20	14	3 38	6	13
11 26 56	21	21	14	4 23	7	14
11 30 37	22	22	15	5 6	7	15
11 34 18	23	23	16	5 52	8	16
11 37 58	24	23	17	6 36	9	17
11 41 39	25	24	18	7 20	10	18
11 45 19	26	25	18	8 5	11	19
11 49 0	27	26	19	8 48	12	20
11 52 40	28	27	20	9 37	13	21
11 56 20	29	28	21	10 22	14	23
12 0 0	30	29	21	11 7	15	24

TABLES OF HOUSES FOR NEW YORK, Latitude 40° 43′ N.

Sidereal Time 12h 0m 0s – 13h 51m 37s

Sidereal Time H.M.S.	10 ♎	11 ♎	12 ♏	Ascen ♐	2 ♑	3 ♒
12 0 0	0	29	21	11 7	15	24
12 3 40	1	♏	22	11 52	16	25
12 7 20	2	1	23	12 37	17	26
12 11 0	3	1	24	13 19	17	27
12 14 41	4	2	25	14 7	18	28
12 18 21	5	3	25	14 52	19	29
12 22 2	6	4	26	15 38	20	♓
12 25 42	7	5	27	16 23	21	1
12 29 23	8	6	28	17 11	22	2
12 33 4	9	6	28	17 58	23	3
12 36 45	10	7	29	18 45	24	4
12 40 26	11	8	♐	19 32	25	5
12 44 8	12	9	1	20 26	26	7
12 47 50	13	10	2	21 8	27	8
12 51 32	14	11	2	21 57	28	9
12 55 14	15	12	3	22 43	29	10
12 58 57	16	13	4	23 33	♒	11
13 2 40	17	13	5	24 22	1	12
13 6 23	18	14	6	25 11	2	13
13 10 7	19	15	7	26 1	3	15
13 13 51	20	16	7	26 51	5	16
13 17 35	21	17	8	27 40	6	17
13 21 20	22	18	9	28 32	7	18
13 25 6	23	19	10	29 23	8	19
13 28 52	24	19	10	0♑14	9	20
13 32 38	25	20	11	1 7	10	21
13 36 25	26	21	12	2 0	11	23
13 40 12	27	22	13	2 52	12	24
13 44 0	28	23	13	3 46	13	25
13 47 48	29	24	14	4 41	15	26
13 51 37	30	25	15	5 35	16	27

Sidereal Time 13h 51m 37s – 15h 51m 15s

Sidereal Time H.M.S.	10 ♏	11 ♏	12 ♐	Ascen ♑	2 ♒	3 ♓
13 51 37	0	25	15	5 35	16	27
13 55 27	1	25	16	6 30	17	29
13 59 17	2	26	17	7 27	18	♈
14 3 8	3	27	18	8 23	20	1
14 6 59	4	28	18	9 20	21	2
14 10 51	5	29	19	10 18	22	3
14 14 44	6	♐	20	11 16	23	5
14 18 37	7	1	21	12 15	24	6
14 22 31	8	2	22	13 15	26	7
14 26 25	9	2	23	14 16	27	8
14 30 20	10	3	24	15 17	28	9
14 34 16	11	4	24	16 19	♓	11
14 38 13	12	5	25	17 23	1	12
14 42 10	13	6	26	18 27	3	13
14 46 8	14	7	27	19 32	4	14
14 50 7	15	8	28	20 37	5	16
14 54 7	16	9	29	21 44	6	17
14 58 7	17	10	♑	22 51	8	18
15 2 8	18	11	1	23 59	9	19
15 6 9	19	11	2	25 9	11	20
15 10 12	20	12	3	26 19	12	21
15 14 15	21	13	4	27 31	14	23
15 18 19	22	14	5	28 43	15	24
15 22 23	23	15	6	29 57	16	25
15 26 29	24	16	6	1♒11	18	26
15 30 35	25	17	7	2 28	19	28
15 34 41	26	18	8	3 46	21	29
15 38 49	27	19	9	5 5	22	♉
15 42 57	28	20	10	6 25	24	1
15 47 6	29	21	11	7 46	25	3
15 51 15	30	21	13	9 8	27	4

Sidereal Time 15h 51m 15s – 18h 0m 0s

Sidereal Time H.M.S.	10 ♐	11 ♐	12 ♑	Ascen ♒	2 ♓	3 ♉
15 51 15	0	21	13	9 8	27	4
15 55 25	1	22	14	10 31	28	5
15 59 36	2	23	15	11 56	♈	6
16 3 48	3	24	16	13 23	1	7
16 8 0	4	25	17	14 50	3	9
16 12 13	5	26	18	16 9	4	10
16 16 26	6	27	19	17 50	6	11
16 20 40	7	28	20	19 22	7	12
16 24 55	8	29	21	20 56	9	13
16 29 10	9	♑	22	22 30	11	15
16 33 26	10	1	23	24 7	12	16
16 37 42	11	2	24	25 44	14	17
16 41 59	12	3	26	27 23	15	18
16 46 16	13	4	27	29 6	16	20
16 50 34	14	5	28	0♓45	18	20
16 54 52	15	6	29	2 27	20	22
16 59 10	16	7	♒	4 11	21	23
17 3 29	17	8	2	5 56	23	24
17 7 49	18	9	3	7 43	24	25
17 12 9	19	10	4	9 30	26	26
17 16 29	20	11	5	11 18	27	27
17 20 49	21	12	7	13 8	29	28
17 25 9	22	13	8	14 57	♉	♊
17 29 30	23	14	9	16 48	2	1
17 33 51	24	15	10	18 41	3	2
17 38 12	25	16	12	20 33	5	3
17 42 34	26	17	13	22 25	6	4
17 46 55	27	19	14	24 19	7	5
17 51 17	28	20	16	26 12	9	6
17 55 38	29	21	17	28 7	10	7
18 0 0	30	22	18	30 0	12	9

Sidereal Time 18h 0m 0s – 20h 8m 45s

Sidereal Time H.M.S.	10 ♑	11 ♑	12 ♒	Ascen ♈	2 ♉	3 ♊
18 0 0	0	22	18	0 0	12	9
18 4 22	1	23	20	1 53	13	10
18 8 43	2	24	21	3 48	14	11
18 13 5	3	25	23	5 41	16	12
18 17 26	4	26	24	7 35	17	13
18 21 48	5	27	25	9 27	18	14
18 26 9	6	28	27	11 19	20	15
18 30 30	7	29	28	13 21	21	16
18 34 51	8	♒	♓	15 3	22	17
18 39 11	9	2	1	16 52	23	18
18 43 31	10	3	3	18 42	25	19
18 47 51	11	4	4	20 30	26	20
18 52 11	12	5	5	22 17	27	21
18 56 31	13	6	7	24 2	29	22
19 0 50	14	7	9	25 49	♊	23
19 5 8	15	9	10	27 33	1	24
19 9 26	16	10	12	29 15	2	25
19 13 44	17	11	13	0♉56	3	26
19 18 1	18	12	15	2 37	4	27
19 22 18	19	13	16	4 16	6	28
19 26 34	20	14	18	5 53	7	29
19 30 50	21	16	19	7 30	8	♋
19 35 5	22	17	21	9 4	9	1
19 39 20	23	18	22	10 38	10	2
19 43 34	24	19	24	12 10	11	3
19 47 47	25	20	25	13 41	12	4
19 52 0	26	21	27	15 10	13	5
19 56 12	27	23	29	16 37	14	6
20 0 24	28	24	♈	18 4	15	7
20 4 35	29	25	2	19 16	16	8
20 8 45	30	26	3	20 52	17	9

Sidereal Time 20h 8m 45s – 22h 8m 23s

Sidereal Time H.M.S.	10 ♒	11 ♒	12 ♈	Ascen ♉	2 ♊	3 ♋
20 8 45	0	26	3	20 52	17	9
20 12 54	1	27	5	22 14	18	9
20 17 3	2	29	6	23 35	19	10
20 21 11	3	♓	8	24 56	20	11
20 25 19	4	1	9	26 14	21	12
20 29 26	5	2	11	27 32	22	13
20 33 31	6	3	12	28 46	23	14
20 37 37	7	5	14	0♊3	24	15
20 41 41	8	6	15	1 17	25	16
20 45 45	9	7	16	2 29	26	17
20 49 48	10	8	18	3 41	27	18
20 53 51	11	10	19	4 51	28	19
20 57 52	12	11	21	6 1	29	20
21 1 53	13	13	22	7 9	♋	21
21 5 53	14	14	24	8 16	1	21
21 9 53	15	15	25	9 23	2	22
21 13 53	16	16	26	10 30	3	23
21 17 50	17	18	28	11 37	4	24
21 21 47	18	19	29	12 37	5	25
21 25 44	19	21	♉	13 41	6	26
21 29 40	20	21	2	14 44	6	27
21 33 35	21	22	3	15 44	7	28
21 37 29	22	23	4	16 45	8	29
21 41 23	23	24	6	17 45	9	29
21 45 16	24	25	7	18 44	10	♌
21 49 9	25	26	8	19 42	11	1
21 53 1	26	28	9	20 40	12	2
21 56 52	27	29	11	21 37	12	3
22 0 44	28	♈	13	22 33	13	4
22 4 33	29	1	14	23 30	14	5
22 8 23	30	3	14	24 25	15	5

Sidereal Time 22h 8m 23s – 24h 0m 0s

Sidereal Time H.M.S.	10 ♓	11 ♈	12 ♉	Ascen ♊	2 ♋	3 ♌
22 8 23	0	3	14	24 25	15	5
22 12 12	1	4	15	25 19	16	6
22 16 10	2	5	17	26 14	17	7
22 19 48	3	6	18	27 8	17	8
22 23 35	4	7	19	28 0	18	9
22 27 22	5	8	20	28 53	19	10
22 31 8	6	10	21	29 46	20	11
22 34 54	7	11	22	0♋37	21	11
22 38 40	8	12	23	1 28	21	12
22 42 25	9	13	24	2 20	22	13
22 46 9	10	14	25	3 9	23	14
22 49 53	11	15	27	3 59	24	15
22 53 37	12	17	28	4 49	24	16
22 57 20	13	18	29	5 38	25	17
23 1 3	14	19	♊	6 27	26	17
23 4 46	15	20	1	7 17	27	18
23 8 28	16	21	2	8 3	28	19
23 12 10	17	22	3	8 52	28	20
23 15 52	18	23	4	9 40	29	21
23 19 34	19	24	5	10 28	♌	22
23 23 15	20	26	6	11 15	1	23
23 26 56	21	27	7	12 2	2	24
23 30 37	22	28	8	12 49	2	24
23 34 18	23	29	9	13 37	3	25
23 37 58	24	♉	10	14 22	4	26
23 41 39	25	1	11	15 8	5	27
23 45 19	26	2	12	15 53	5	28
23 49 0	27	3	12	16 41	6	29
23 52 56	28	4	13	17 29	7	♍
23 56 20	29	5	14	18 8	8	♍
24 0 0	30	6	15	18 53	9	1

PROPORTIONAL LOGARITHMS FOR FINDING THE PLANETS' PLACES
DEGREES OR HOURS

Min.	0	1	2	3	4	5	6	7	8	9	10	11	12	13	14	15	Min.
0	3.1584	1.3802	1.0792	9031	7781	6812	6021	5351	4771	4260	3802	3388	3010	2663	2341	2041	0
1	3.1584	1.3730	1.0756	9007	7763	6798	6009	5341	4762	4252	3795	3382	3004	2657	2336	2036	1
2	2.8573	1.3660	1.0720	8983	7745	6784	5997	5330	4753	4244	3788	3375	2998	2652	2330	2032	2
3	2.6812	1.3590	1.0685	8959	7728	6769	5985	5320	4744	4236	3780	3368	2992	2646	2325	2027	3
4	2.5563	1.3522	1.0649	8935	7710	6755	5973	5310	4735	4228	3773	3362	2986	2640	2320	2022	4
5	2.4594	1.3454	1.0614	8912	7692	6741	5961	5300	4726	4220	3766	3355	2980	2635	2315	2017	5
6	2.3802	1.3388	1.0580	8888	7674	6726	5949	5289	4717	4212	3759	3349	2974	2629	2310	2012	6
7	2.3133	1.3323	1.0546	8865	7657	6712	5937	5279	4708	4204	3752	3342	2968	2624	2305	2008	7
8	2.2553	1.3258	1.0511	8842	7639	6698	5925	5269	4699	4196	3745	3336	2962	2618	2300	2003	8
9	2.2041	1.3195	1.0478	8819	7622	6684	5913	5259	4690	4188	3737	3329	2956	2613	2295	1998	9
10	2.1584	1.3133	1.0444	8796	7604	6670	5902	5249	4682	4180	3730	3323	2950	2607	2289	1993	10
11	2.1170	1.3071	1.0411	8773	7587	6656	5890	5239	4673	4172	3723	3316	2944	2602	2284	1988	11
12	2.0792	1.3010	1.0378	8751	7570	6642	5878	5229	4664	4164	3716	3310	2938	2596	2279	1984	12
13	2.0444	1.2950	1.0345	8728	7552	6628	5866	5219	4655	4156	3709	3303	2933	2591	2274	1979	13
14	2.0122	1.2891	1.0313	8706	7535	6614	5855	5209	4646	4148	3702	3297	2927	2585	2269	1974	14
15	1.9823	1.2833	1.0280	8683	7518	6600	5843	5199	4638	4141	3695	3291	2921	2580	2264	1969	15
16	1.9542	1.2775	1.0248	8661	7501	6587	5832	5189	4629	4133	3688	3284	2915	2574	2259	1965	16
17	1.9279	1.2719	1.0216	8639	7484	6573	5820	5179	4620	4125	3681	3278	2909	2569	2254	1960	17
18	1.9031	1.2663	1.0185	8617	7467	6559	5809	5169	4611	4117	3674	3271	2903	2564	2249	1955	18
19	1.8796	1.2607	1.0153	8595	7451	6546	5797	5159	4603	4109	3667	3265	2897	2558	2244	1950	19
20	1.8573	1.2553	1.0122	8573	7434	6532	5786	5149	4594	4102	3660	3258	2891	2553	2239	1946	20
21	1.8361	1.2499	1.0091	8552	7417	6519	5774	5139	4585	4094	3653	3252	2885	2547	2234	1941	21
22	1.8159	1.2445	1.0061	8530	7401	6505	5763	5129	4577	4086	3646	3246	2880	2542	2229	1936	22
23	1.7966	1.2393	1.0030	8509	7384	6492	5752	5120	4568	4079	3639	3239	2874	2536	2223	1932	23
24	1.7781	1.2341	1.0000	8487	7368	6478	5740	5110	4559	4071	3632	3233	2868	2531	2218	1927	24
25	1.7604	1.2289	0.9970	8466	7351	6465	5729	5100	4551	4063	3625	3227	2862	2526	2213	1922	25
26	1.7434	1.2239	0.9940	8445	7335	6451	5718	5090	4542	4055	3618	3220	2856	2520	2208	1917	26
27	1.7270	1.2188	0.9910	8424	7318	6438	5706	5081	4534	4048	3611	3214	2850	2515	2203	1913	27
28	1.7112	1.2139	0.9881	8403	7302	6425	5695	5071	4525	4040	3604	3208	2845	2509	2198	1908	28
29	1.6960	1.2090	0.9852	8382	7286	6412	5684	5061	4516	4032	3597	3201	2839	2504	2193	1903	29
30	1.6812	1.2041	0.9823	8361	7270	6398	5673	5051	4508	4025	3590	3195	2833	2499	2188	1899	30
31	1.6670	1.1993	0.9794	8341	7254	6385	5662	5042	4499	4017	3583	3189	2827	2493	2183	1894	31
32	1.6532	1.1946	0.9765	8320	7238	6372	5651	5032	4491	4010	3576	3183	2821	2488	2178	1889	32
33	1.6398	1.1899	0.9737	8300	7222	6359	5640	5023	4482	4002	3570	3176	2816	2483	2173	1885	33
34	1.6269	1.1852	0.9708	8279	7206	6346	5629	5013	4474	3994	3563	3170	2810	2477	2168	1880	34
35	1.6143	1.1806	0.9680	8259	7190	6333	5618	5003	4466	3987	3556	3164	2804	2472	2164	1875	35
36	1.6021	1.1761	0.9652	8239	7174	6320	5607	4994	4457	3979	3549	3157	2798	2467	2159	1871	36
37	1.5902	1.1716	0.9625	8219	7159	6307	5596	4984	4449	3972	3542	3151	2793	2461	2154	1866	37
38	1.5786	1.1671	0.9597	8199	7143	6294	5585	4975	4440	3964	3535	3145	2787	2456	2149	1862	38
39	1.5673	1.1627	0.9570	8179	7128	6282	5574	4965	4432	3957	3529	3139	2781	2451	2144	1857	39
40	1.5563	1.1584	0.9542	8159	7112	6269	5563	4956	4424	3949	3522	3133	2775	2445	2139	1852	40
41	1.5456	1.1540	0.9515	8140	7097	6256	5552	4947	4415	3942	3515	3126	2770	2440	2134	1848	41
42	1.5351	1.1498	0.9488	8120	7081	6243	5541	4937	4407	3934	3508	3120	2764	2435	2129	1843	42
43	1.5249	1.1455	0.9462	8101	7066	6231	5531	4928	4399	3927	3501	3114	2758	2430	2124	1838	43
44	1.5149	1.1413	0.9435	8081	7050	6218	5520	4918	4390	3919	3495	3108	2753	2424	2119	1834	44
45	1.5051	1.1372	0.9409	8062	7035	6205	5509	4909	4382	3912	3488	3102	2747	2419	2114	1829	45
46	1.4956	1.1331	0.9383	8043	7020	6193	5498	4900	4374	3905	3481	3096	2741	2414	2109	1825	46
47	1.4863	1.1290	0.9356	8023	7005	6180	5488	4890	4365	3897	3475	3089	2736	2409	2104	1820	47
48	1.4771	1.1249	0.9330	8004	6990	6168	5477	4881	4357	3890	3468	3083	2730	2403	2099	1816	48
49	1.4682	1.1209	0.9305	7985	6875	6155	5466	4872	4349	3882	3461	3077	2724	2398	2095	1811	49
50	1.4594	1.1170	0.9279	7966	6960	6143	5456	4863	4341	3875	3454	3071	2719	2393	2090	1806	50
51	1.4508	1.1130	0.9254	7947	6945	6131	5445	4853	4333	3868	3448	3065	2713	2388	2085	1802	51
52	1.4424	1.1091	0.9228	7929	6930	6118	5435	4844	4324	3860	3441	3059	2707	2382	2080	1797	52
53	1.4341	1.1053	0.9203	7910	6915	6106	5424	4835	4316	3853	3434	3053	2702	2377	2075	1793	53
54	1.4260	1.1015	0.9178	7891	6900	6094	5414	4826	4308	3846	3428	3047	2696	2372	2070	1788	54
55	1.4180	1.0977	0.9153	7873	6885	6081	5403	4817	4300	3838	3421	3041	2691	2367	2065	1784	55
56	1.4102	1.0939	0.9128	7854	6871	6069	5393	4808	4292	3831	3415	3034	2685	2362	2061	1779	56
57	1.4025	1.0902	0.9104	7836	6856	6057	5382	4798	4284	3824	3408	3028	2679	2356	2056	1774	57
58	1.3949	1.0865	0.9079	7818	6841	6045	5372	4789	4276	3817	3401	3022	2674	2351	2051	1770	58
59	1.3875	1.0828	0.9055	7800	6827	6033	5361	4780	4268	3809	3395	30,16	2668	2346	2046	1765	59
	0	1	2	3	4	5	6	7	8	9	10	11	12	13	14	15	

RULE:—Add proportional log. of planet's daily motion to log. of time from noon, and the sum will be the log. of the motion required. Add this to planet's place at noon, if time be p.m., but subtract if a.m. and the sum will be planet's true place. If Retrograde, subtract for p.m., but add for a.m.

What is the long of Moon 23 February 2018 at 7.20 pm ?

Moon's daily motion = 14° 06' 44"

Prop Log of 14° 06' 44"	.2306
Prop Log of 7h 20m	.5149
Moon's motion in 7h 20m = 4° 19' . . . or log	.7455

Moon's long = 6° Ⅱ 54' + 4° 19' = 11° Ⅱ 54'

The Daily Motions of the Sun, Moon, Mercury, Venus and Mars will be found on pages 26-28.